NAL
宁波学术文库
JD40.201403

宁波时尚经济的
发展理论与实证研究

NINGBO SHISHANG JINGJI DE
FAZHAN LILUN YU SHIZHENG YANJIU

主　编　毛才盛
副主编　魏　明　张劲英　张　艺
　　　　裘晓雯　姚克勤　陈海珍
　　　　付岳莹

ZHEJIANG UNIVERSITY PRESS
浙江大学出版社

前　言

在互联网时代,全球的时尚产业已涵盖品牌、文化、设计、技术、传播和服务等诸多要素,是文化与经济、艺术与技术、创意与科技、品牌与服务等多领域的跨界整合,正以新的产品内容、组织架构和商业模式向前发展。发达国家已率先完成了从传统制造向以研发设计、品牌营销和体验服务为核心的转变,不但提升了传统产业的国际竞争力,还极大地提升了产业所在城市的时尚、文化、创意和服务等软实力,从而也提高了城市的国际化影响力。大力发展时尚经济,是我国加快转变经济发展方式、推动产业结构优化升级的客观需要,也是提高自主创新能力并全面提升我国在国际产业链、创新链和价值链中的地位的重要选择,更是适应我国经济崛起、打造中国文化软实力的必然要求。进入 21 世纪以来,中国时尚产业进入了快速发展阶段,以化妆品、消费类电子产品、服装、珠宝首饰以及动漫等为代表的时尚制造业和服务业呈现出快速增长的态势,成为具有巨大潜力的新经济增长点。但是,就总体产业发展水平看,存在时尚品牌拥有量低、自主创新能力较弱、国际化专业人才短缺、国际竞争力不足、知识产权保护不力及产业发展意识滞后等诸多制约因素。

从全球发展经济来看,因城市规模和经济发展水平、文化底蕴、高度发达的时尚产业和时尚活动、大牌云集等时尚要素的支撑,时尚发源地和传承地主要是巴黎、米兰、伦敦、纽约和东京,而香港、上海、北京和广州等后起之秀属于时尚消费地。当前全球时尚产业发展呈现出"快速时尚"、多元化采购、金砖四国新星涌现、绿色环保要求凸显、互联网传播功能加强、全球化与地区特色并存及名人效应等最新趋势。

　　本课题在分析时尚产业内涵特质、发展机理的基础上,构建了宁波时尚经济发展要素模型和时尚指数评价体系,结合宁波城市发展的阶段和特点,提出要以时装服饰、时尚家居为切入点,形成时尚生产与时尚消费的合力,建立一个多元、多维度时尚产业体系,形成一个"大众、潮流"的"快时尚"产业链,培育一批宁波创造的多元化品牌,把宁波建成国内领先、具有较强国际竞争力的时尚产业基地。这对宁波经济长期可持续发展和提升国际竞争力具有一定的战略意义。

　　随着文化创意产业、现代材料科学和信息技术(包括移动互联网、物联网)等的发展,以及相关产业跨界与融合趋势逐渐增强,时尚产业的领域和发展空间会得到进一步拓展,从而在人类经济社会中日益扮演无可替代的重要角色。对于时尚经济的研究,也愈益重要。中国应与世界各国一起探索时尚经济领域互利共赢的发展模式,有更多的时尚经济研究成果来推动时尚产业健康、稳步、持续地发展。

浙江纺织服装职业技术学院课题组

2015 年 11 月 20 日

目　　录

图 目 录

表 目 录

第一篇 绪 论

一、问题的提出

在互联网时代,全球的时尚产业正以新的产品内容、组织架构和商业模式向前发展。工业发达国家已率先完成了从传统制造向以研发设计、品牌营销、体验服务为核心的转变,不但提升了传统产业的国际竞争力,还极大地提升了产业所在城市的时尚、文化、创意和服务等软实力,从而也提高了城市的国际化影响力。深入贯彻落实党的十八届三中全会精神,积极适应经济发展新常态,加快时尚产业的发展与升级,加强时尚与生产型服务业和制造业的分工与融合,对于推进宁波传统制造业转型升级,促进现代服务业发展以及新型城市化建设,实现经济社会可持续发展具有十分重要的现实意义和战略意义。

时尚产业是典型的都市产业,跨越高附加值制造业与现代服务业的产业界限,是多种传统产业的组合。时尚产业涵盖品牌、文化、设计、技术、传播和服务等诸多要素,是文化与经济、艺术与技术、品牌与服务的有效结合。现有的时尚经济相关研究主要集中在时尚经济的内涵界定、时尚经济产业链(设计、采购、生产、消费和流通等环节)研究、时尚经济发展的现状与经验总结等。已有研究成果的不足之处在于:首先,学界对时尚经济内涵的界定较多从主观辨识的角度出发,缺乏具体的、可操作的时尚经济指标和评价体系,导致时尚经济的内涵界限模糊;其次,目前研究对已经成熟的时尚经济形态要素已有较多归纳,但没有从时尚经济形成的角度去实证探索发展时尚经济的科学路径问题,针对某个城市的时尚产业发展基础提出相应的发展路径与模式的研究则更不多见。

因此,本课题尝试在时尚经济的形成要素提炼与效应估计方面有所拓展,并且对宁波时尚经济发展现状及问题做实证分析,对时尚产业发展前沿的纺织、服装和小家电等重点领域进行典型剖析,拟从时尚文化理念、时尚交互载体和时尚产业提升这一推广路线,提出宁波发展时尚经济的路径与对策。

二、研究目标与意义

时尚经济是城市经济的重要组成部分,发展时尚经济对于进一步改善城市形象、集聚发展要素、提升综合竞争力具有"四两拨千斤"的积极作用,伦敦、纽约、巴黎等国际时尚之都的建设经验对于宁波具有很强的借鉴意义。同时,随着社会消费结构由生存型向发展型升级,宁波民众对时尚元素充满憧憬,时尚产品蕴含着巨大的消费潜力,时尚经济正处于黄金发展期。宁波可将发展时尚经济作为培育城市经济"新增长极"的重要抓手,精心谋划、大力推进。这也是本项目研究的意义所在。具体地,宁波发展时尚经济的现实意义在于:

第一,发展时尚经济的核心层和扩展层是城市出形象、产业提档次、民生添福祉的有效抓手,对于宁波进一步确立服装、家纺和文具等本土时尚制造产业优势地位,推动时尚服务业快速发展,完善城市新产业体系,扩大城市经济辐射能力尤为重要。

第二,发展时尚经济的延伸层和放射层是宁波传承历史文化、培育城市特色、弘扬城市精神的有效抓手,对于宁波培育和集聚优质人才,提升中心城市向心力具有重要作用。值得指出的是,发展时尚经济必定会繁荣时尚文化,为城市带来时代、区域的鲜明个性,激励城市文化不断创新、不断裂变,使城市成为广大市民公共娱乐、个性发展和自由创新的大平台。这种变化不仅会对优质人才形成"洼地"效应,而且会形成推动传统产业转型升级的强大动力。

第三,发展时尚经济符合城市经济和社会民生的发展趋势,是宁波保持经济持续健康发展、社会欣欣向荣的客观需要,尽管宁波已经建成了和丰创意广场、天一广场、和义大道等一系列时尚创意和消费载体平台,以及有较大影响力的国际服装节、家电展等时尚节目,引导越来越多的宁波人认识时尚和追求时尚。

三、研究思路和主要内容

本课题从时尚经济发展的理论基础、时尚经济研究动态、时尚经济的内涵与特征等理论入手,选择巴黎、伦敦、米兰、纽约和东京等五大国际时尚之都,以及北京、上海和广州等国内时尚经济的发展先发地区进行比较分析,提炼归纳各典型地区时尚经济发展特征、发展模式和成功经验,为宁波发展时尚经济提供参考借鉴。重点结合宁波实际,挖掘宁波发展时尚经济的已有基础与优势,构建宁波时尚经济发展要素模型,找出影响宁波时尚经济形成的缺失要素和薄弱要素,分析宁波时尚经济形成的程度及未来发展潜力。同时,对时尚服饰和时尚家居两大制造优势产业和时尚经济领先发展领域进行典型研究,通过产业发展现状和重点企业或领域践行模式分析,指出推进宁波时尚经济发展的思路与方向。最后,依据时尚经济发展要素模型和宁波重点产业的实践探索,提出促进宁波时尚经济发展的主要目标、总体思路和主要任务,并结合宁波时尚经济发展现状提出具体的对策建议,为打造时尚经济名城提供政策参考。课题研究的主要框架如图 1-1 所示。

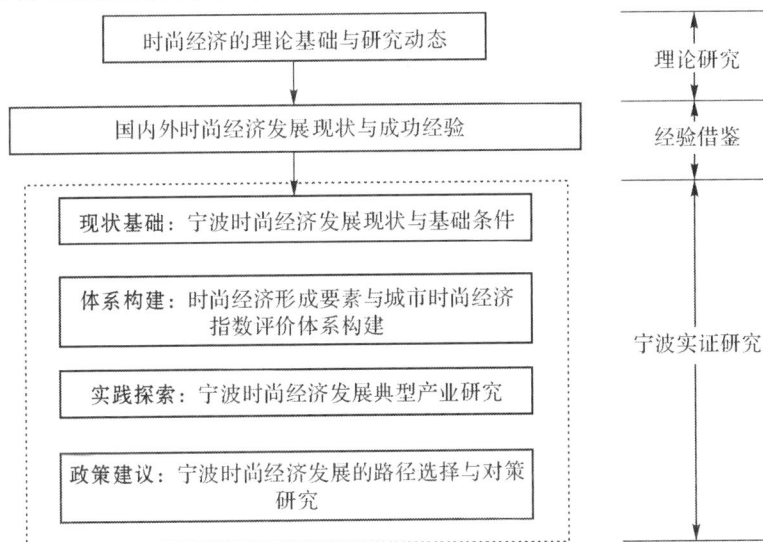

图 1-1　课题研究框架

四、研究创新之处

本课题研究的创新突破点可以归纳为以下几个方面：

（1）深入研究时尚经济内涵，提炼时尚经济发展的国际经验与一般规律。

本课题拟系统梳理时尚经济的相关概念界定、时尚经济发展的相关理论，并在国际、国内两个层面选择典型的时尚产业集聚地区进行重点分析，提炼出促进时尚经济发展的关键因素，得出时尚经济发展的一般规律。

（2）研究宁波时尚经济发展的现状与基础条件，探讨宁波时尚经济发展的可行性。

本课题将根据宁波时尚经济发展现状的调研数据，依据时尚经济形成的多层次要素结构模型和要素作用机理模型，从时尚环境构建、相关产业支撑、优势企业培育、产业人才培养、消费理念引导和法律政策保障等方面有针对性地分析宁波发展时尚经济的缺失要素与薄弱要素，提炼宁波时尚经济发展的现状、基础条件。

（3）构造时尚经济要素结构模型，探索建立时尚经济评价体系。

本课题将根据时尚产品价值"创造—形成—实现"的过程路径，构建涵盖时尚经济价值链、促进时尚经济形成的多层次要素结构模型和要素作用机理模型，分析各要素及其组合对时尚经济形成的影响程度，并据此形成城市时尚度、企业时尚度评价体系。

（4）对宁波时尚经济发展前沿领域开展典型研究，提炼宁波时尚经济发展的实践特色。

以处于宁波时尚经济发展前沿的纺织、服装和家电等领域进行典型案例研究，并结合时尚经济要素结构模型提炼宁波时尚经济发展特色，评价时尚经济发展实践，找出主要的发展瓶颈。

（5）理论与实证结合，提出宁波发展时尚经济的路径与对策。

在对时尚经济理论研究和对宁波实证研究的基础上，结合国内外时尚经济发展的经验与借鉴，有针对性地提出促进宁波时尚经济发展的总体思路与具体对策。

第二篇　时尚经济的理论基础与研究动态

在中国大力调整产业结构和城市转型定位的背景下,时尚产业进入诸多城市规划者的视野。然而,时尚产业在我国尚处于起步阶段,研究领域尚未形成比较系统的理论框架。有鉴于此,本文将系统梳理、评价国内外时尚产业相关研究成果,包括时尚产业的内涵特征、时尚产业研究的理论视角、时尚产业发展基础与模式的国际经验归纳、国内时尚产业发展策略与路径探索,以供未来研究参考。

一、时尚经济概念辨析

研究界对时尚产业的概念、内涵界定尚无一致的结论。赵磊从审美价值的经济意义出发,将时尚产业定义为"对人,进而对同人紧密相关的环境进行装饰和美化、使人的生活更加美好的产业"(赵磊,2007:50);同时以行业部门与人的实际联系的紧密程度和主要功能特长为尺度,将时尚产业大致分为三个层面:核心层、扩展层、延伸层(图 2-1)(赵磊,2007:51)。

上述时尚产业的行业分层,也可以看作是对时尚产业概念狭义和广义的划分。服装服饰是时尚产业价值链中"龙头",是最狭义的时尚产业内容;广义的时尚产业则延展至电子产品。这种划分对反映时尚产业的内部结构关系、理清时尚产业的产业链,从而突出时尚产业发展的重点具有重要的意义。

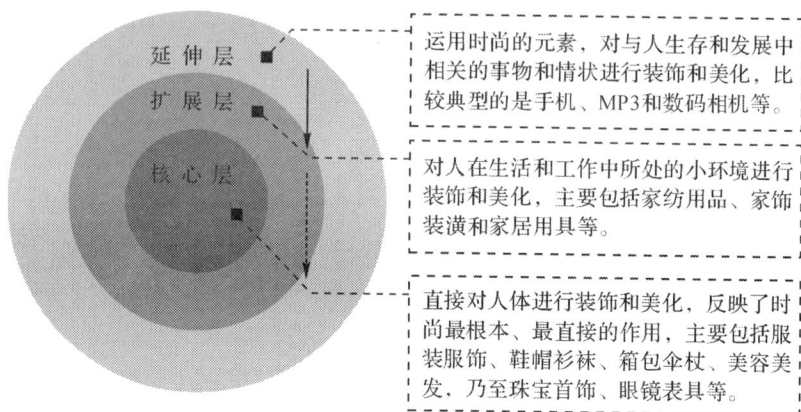

运用时尚的元素,对与人生存和发展中相关的事物和情状进行装饰和美化,比较典型的是手机、MP3和数码相机等。

对人在生活和工作中所处的小环境进行装饰和美化,主要包括家纺用品、家饰装潢和家居用具等。

直接对人体进行装饰和美化,反映了时尚最根本、最直接的作用,主要包括服装服饰、鞋帽衫袜、箱包伞杖、美容美发,乃至珠宝首饰、眼镜表具等。

图 2-1　时尚产业分层

"中国时尚产业蓝皮书"课题组从行业属性的角度对时尚产业的范围进行了界定:时尚产业是指通过工业和商业化方式所进行的时尚产品和时尚服务的设计、采购、制造、推广、销售、使用、消费与收藏等一系列经营性活动的总称("中国时尚产业蓝皮书"课题组,2008)。结合国内时尚产业的发展现状,其具体范围如表 2-1 所示。

表 2-1　时尚产业范围

行业属性	具体内容
时尚产品制造业	时尚休闲服装鞋帽、皮草皮具、各种饰品、名表、珠宝、香水、护发护肤化妆品、美食和消费类电子产品等
时尚服务业	美容美发、健身旅游、流行音乐、影视摄影、动画漫画、时尚书籍杂志和餐馆酒吧等休闲娱乐产业

"中国时尚产业蓝皮书"课题组同时对时尚产品、时尚经济等相关概念及其与时尚产业的关系进行了界定,具体如图 2-2 所示("中国时尚产业蓝皮书"课题组,2008)。

结合上述定义与相关文献,笔者尝试将时尚产业的内涵总结如下:

首先,从产业形式看,时尚产业是通过融合高科技、文化创意、媒体因素,对传统产业资源要素进行整合、提升、组合后形成的一种较为独特的产品、服务和商品运作模式(高骞,2009:87)。

其次,从产业结构看,时尚产业并不是一个独立的产业门类,而是以轻工制造业和现代服务业为主体的多产业集群组合成的独特产业链(夏毓婷,2012:73)。

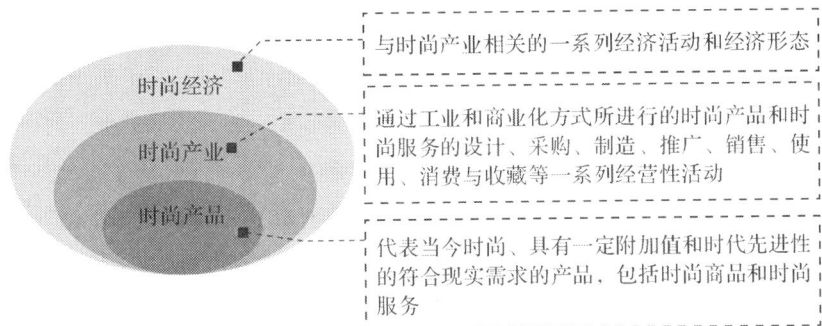

图 2-2 时尚经济与时尚产业、时尚产品的关系

再次,在产品表现上,时尚产业的对象主体为轻工业品。但相对传统轻工产业的突出价值在于贡献实用、耐用产品,时尚产品重点突出审美情趣和消费体验,其附加值主要通过产品稀缺性以及产品在品牌、标识和风格等方面的示差性获得(Gregory,1948:69-75;Robinson,1961:376-398)。

又次,从消费角度看,时尚产业的突出价值更在于可为消费者提供体现流行审美情趣和时尚消费理念的中高端消费品或服务(夏毓婷,2012:73)。因此,时尚消费有顺应个性化消费需求、强调独特消费体验等特征(秦诗立,2014:29)。消费者通过时尚消费既实现了产品的实用价值也通过消费行为过程完成了对时尚理念的演绎和体验。

最后,时尚产业高度依赖都市资源,如时尚媒体、金融资本、时尚市场和时尚展示平台等(孙莹、汪明峰,2014:132)。从一个城市发展时尚产业的资源体系来看,一般包括时尚地标、时尚品牌、时尚平台和时尚文化。时尚地标是时尚商业化的集中呈现,兼具展示城市时尚、宣传时尚理念、推广时尚产品、提供时尚体验等多项功能;时尚品牌是创造时尚消费新趋势的推动者和引领者;时尚平台包括科技创新和研发力量、时尚教育培训、行业协会、会展、现代信息传媒业和时尚出版业等,是推广时尚产品、提升时尚地位的主要媒介;时尚文化是发展时尚产业的重要人文因素,体现着开放的城市精神和社会心态(高骞,2009:88)。

与上述概念内涵相对应,时尚产业表现出关联性、动态性、高附加值的特征。时尚产业涵盖设计、品牌、技术、文化、传播、消费和服务等诸多要素,是经济与文化、技术与艺术、商品与服务、消费与品牌的高度结合,产业跨界融合的趋势明显;时尚产业是一个动态的产业,随着时尚的变化而不断创新、丰富和发展,个性、多元的消费需求和服务体验带来新兴市场的开拓;时尚产业的核心竞争力在于概念设计与市场营销,附加值较高。

二、国内外时尚经济研究动态

(一)产业发展模式:研究时尚产业发展的理论视角

产业发展模式是产业在特定的发展阶段、特定的国家或地域具有特色的发展道路和方略,包括产业组织形式、资源配置方式、产业发展策略和产业政策措施等。研究产业发展模式的任务是找出适合区域特征的产业发展道路,使产业组织形式适合时代要求,使产业发展相关资源达到最优配置,以实现产业创新和产业竞争力提升(刘天,2011:13)。

(1)从消费供给角度,产业发展模式可分为消费驱动型和制造驱动型。

消费驱动型是指依托产业终端消费的强大购买力,吸引厂商、设计人员集聚,对接销售与制造、市场与研发,逐步围绕产业服务延伸拓展关联产业。在这一驱动模式下,企业深入了解消费者的行为与需求,针对消费者需求细分市场,确定其产品的设计、研发与制造,以达到利润最大化,并且使这些产品和服务产生再生性和增值潜力,使消费者产生新的需求,成为带动产业发展的新动力。消费驱动型产业发展模式的特点在于:产业内的组织根据其对市场的洞察发现潜在的、未满足的顾客需求,向顾客提供一种前所未有的价值;消费驱动型企业针对特定的细分市场,找出产业与市场需求的对接点,然后以此为依据来开发适应市场需求的产品(刘天,2011:13-14)。

制造驱动型的产业发展模式是指依托制造业的某一方面的强大工艺基础和技术优势,不断推出新产品,引领消费走向,并逐步跨界带动相关产业的多元化和集群化发展,形成完善的高技术、高附加值的产业结构。在制造驱动型模式下,产品制造商主导着产业发展的方向,教会顾客如何使用和消费创新产品。顾客的潜在需求被启动和激发出来后可以创造出相当大的市场。同时,驱动这一市场成长的企业能在顾客心目中取得难以动摇的领先地位。其模式特点在于:由制造驱动型企业提供给顾客全新的价值、革命性的创新产品,并引导顾客消费从而带动销售增长(刘天,2011:14)。

(2)从资源配置角度,产业发展模式可分为市场导向型和政府主导型。

市场导向型发展模式是以成熟的市场经济为基础的,以满足市场需求为先导,倡导企业的自由竞争。政府主要致力于完善公共服务,完善法律法规以保护投资者利益,出台相关的产业发展的鼓励性政策(刘天,2011:16)。

　　政府主导型的产业发展模式是指在强调市场配置资源的基础性作用的前提下,突出政府功能的发挥,政府对产业发展进行科学规划,组织、发动和协调各种社会主体力量,从组织管理、人才培养、资金支持和生产经营等方面对产品研发、制作、出口等环节进行系统的培育及扶植。这种模式的特点是对产业的宏观控制能力强,有利于产业整体规划。这种模式同样强调政府以积极的产业政策营造产业发展和企业公平竞争的外部环境。此外,政府的扶持和导向功能体现在政府先期资金投入基础设施以影响产业的发展速度上(刘天,2011:15-16)。

　　(3)从产业发展不同阶段的竞争要素角度产业发展模式可分为要素导向型、投资导向型和创新导向型。

　　要素导向型发展模式适用于产业发展的初级阶段。要素向导型发展模式的生命力主要在于丰富廉价的要素所带来的低生产成本,以及由此带来的低价格竞争优势。产业内的企业一般不创造技术。企业本身能表现的技术主要来自模仿或是外来资本引入。这种产业发展模式是不可持续的(刘天,2011:18)。

　　投资导向型发展模式有助于带动产业的快速成长。当产业依靠资源导向完成原始积累后,产业的投资意愿和能力将大大增强。企业大量投资兴建现代化、高效率的机器设备和厂房,努力引进技术并加以改良。然而,由于仅靠投资导向不足以发展独特产品或流程,企业仍在标准化程度较高、价格竞争比较敏感的环节中竞争。竞争优势主要来自规模效应,资本密集但需要大量廉价劳动力和产品标准化产业。在投资导向型产业发展模式中,政府的作用是比较明显的,如引导有限的资本流入规划的产业、为鼓励新企业加入国内市场而提供保护性政策、发展更高效的基础设施等(刘天,2011:18)。

　　创新导向型发展模式是保持产业长久竞争力的根本动力。创新即"建立一种新的生产函数",将一种从来没有过的生产要素和生产条件的"新组合"引入生产体系。决定产业结构的重要因素包括引进新产品、运用新技术和开辟新市场;改变产业的资本结构的基本因素包括运用新技术和实现新的组织;决定贸易结构的因素包括开辟新市场和使用新材料(刘天,2011:18)。

　　从时间的纵向维度看,产业一般是按要素导向型、投资导向型和创新导向型的顺序发展起来的;从产业发展的横向维度看,在一个国家或地区,消费驱动型与制造驱动型、政府主导型和市场导向型产业发展模式往往是并存的。具体的产业发展模式选择常常取决于多种因素,如产业本身的发展程度、经济的市场化程度、政府宏观调控能力和科技发展水平等。同时,针对某一具体产业,其发展模式也可能呈现出多元化的态势(王杨等,2011:37-40)。

(二)国际经验归纳:时尚城市发展规律、时尚产业发展模式与要素

服装是时尚核心产业。今天国际公认的时尚都市,如英国伦敦、法国巴黎和美国纽约,历史上都是纺织、服装的重要基地,在生产制造企业被迫转移到成本更为低廉的地区之后,通过强化对研发、设计、标准和营销等高端环节的控制,逐步确立了时装流行中心的国际地位。国际时尚都市所呈现的产业优势和城市个性,背后有经济发展水平的支撑,及地理区位、历史文化、产业基础和城市商圈等重要因素的作用。而且,在环境构建与政府扶持等条件作用下,经过长期的市场调配,这些城市形成了符合自身要素禀赋的产业发展模式。

高骞(2009:90)总结了世界五大时尚之都的产业发展规律,认为城市经济发展水平是时尚产业发展的基础、文化底蕴是城市时尚产业发展的基石,时装与服饰产业是城市时尚产业发展的核心,时尚个性是城市时尚产业发展中的灵魂,本土时尚品牌是城市时尚产业中的"明星人物"。高骞还将国际时尚城市的时尚产业演进轨迹归纳为两大模式:①以米兰、伦敦和东京为典型代表,时尚产品制造商或者设计商主导着时尚风格的制造驱动模式;②以纽约为典型代表,销售服务、市场推广远比制造更为重要的消费驱动模式。上述两种发展模式有着不同的产业发展背景、城市发展阶段和要素禀赋要求:制造驱动模式要求具备绝对竞争优势的产业基础,如意大利的男装、英国的羊毛制品和日本的电子消费品;市场驱动模式要求具备发达的流通体系和庞大的市场消费能力。

刘长奎、刘天(2012:32)认为,时尚产业发展要具备适宜的地理条件作为先决条件,文化内涵作为人文基础,经济水平发展到一定阶段形成的消费基础,相关产业的支持和政府导向、行业协会、企业组织的外部推动性政策五大基础。

张仁良(2010:108)通过对国际著名时尚商业区域形成和发展经验的观察,认为时尚产业体系主要由五大支撑要素构成:①产业要素。要有包含附加值较高的时尚研发设计、展示发布、营销消费等主体架构环节的较完整的产业价值链。②环境要素。包括完善优良的城市服务体系、有相当的时尚发言权以及特色标志。③人文要素。主要指民族的文化传统、城市环境和艺术氛围。④人才要素。来自世界各地的时尚名流、世界顶尖的时尚设计师、时尚品牌营销者等多方参与主体。⑤市场要素。包括稳定的消费人群、丰富多样的时尚载体、种类繁多的时尚品牌等。此外,政府的大力支持、时尚活动的营销推广以及行业协会的作用,都是时尚创意产业发展过程中必不可少的推动因素。

颜莉、高长春(2012a:60-66;2012b:141-148)通过对时尚之都时尚产业组织发展现状的调研,发现这些产业组织在各自实现价值创新的发展过程中,具有许多相同或者类似的要素。颜莉、高长春根据传统价值链理论,将时尚产业划分为时尚概念与时尚样品、时尚再设计与生产、时尚产品宣传与消费体验三大模块。"时尚概念与时尚样品"模块是时尚产业组织价值创新的源头,是时尚知识产生和传播的基础;"时尚再设计与生产"模块是时尚产业组织创新价值的形成部分,在这里时尚产品得以生产出来;"时尚产品宣传与消费体验"模块则是创新价值最终实现的部分。颜莉、高长春还通过对五大时尚之都时尚产业模块化中组织价值创新要素的梳理,将时尚产业模块化中组织价值创新要素归纳为价值创新的来源要素(时尚创意人才培养机构、设计与研发机构和品牌资产运作机构)、生产要素(时尚创意产业园区、时尚协会组织、外包体系、法律制度和会展业)和消费要素(流通业、快速反应系统)。其中,来源要素主要为"时尚概念与时尚样品"模块服务,生产要素和消费要素主要为后两个模块服务。这些要素之间相对独立,却又高度耦合,揭示了五大时尚之都时尚产业迅猛发展的内在动力。

孙莹、汪明峰(2014:133-138)对纽约以纺织、服装为代表的时尚产业经历的四个发展阶段(成衣兴起阶段、产业集聚阶段、设计显露阶段和时尚进化阶段)的产业形态和空间组织进行了归纳,并将时尚产业发展的推动因素归纳为政府、行业协会、企业和个人四个行为主体。

(三)国内路径探索:时尚产业发展思路与策略

1. 定位国际时尚产业中心的发展策略与路径——以上海为例

作为一个开放的国际大都市,上海具有发展时尚产业极佳的区位优势以及良好的市场基础和潜力,同时在生产组织、工艺流程和人员培训等方面具备良好的精密制造工业基础,与时尚产业相关的各种设备制造能力也较雄厚(高骞,2009:88-89)。在此基础上,上海市政府对于上海发展时尚产业采取大力扶持的政策,2005 年 2 月 23 日首先出台了《上海加速发展现代服务业实施纲要》,并继续推出《关于上海加速发展现代服务业若干政策意见》(2005 年 11 月 30 日)、《上海市加快创意产业发展的指导意见》(2008 年 6 月 13 日)、《上海市创意产业集聚区认定管理办法(试行)》(2008 年 6 月 17 日)。

2008年9月,上海市制订了《上海产业发展重点支持目录(2008)》。其中"生产性服务业"一项中有"时尚产业"的条目,这是中国第一次由政府使用这一词汇,并将其作为产业发展导向。2009年9月,《2009—2012年上海服务业发展规划》出台。

高骞(2009:91-93)认为,上海发展时尚产业的总体目标是逐步成为世界时尚展览展示中心、亚太时尚体验消费中心、东方时尚创意设计中心和长三角时尚贸易流通中心。上海发展时尚产业的指导思想应以轻纺工业的重新振兴为方向,走市场驱动发展模式,以强化营销和设计为基点,加强本土市场与国际时尚的对接,大力发展多样化的时尚产品及相关服务集群,实现传统消费类产业向时尚产业转化,逐步将上海打造成为品牌领先、市场活跃、消费集聚、活动突出、影响力大的新兴"国际时尚之都",以及国际时尚潮流的新领地、策源地。刘天(2011:52-54)认为,上海发展时尚产业的实施战略应该是:首先通过时尚消费驱动的时尚产业的发展,辅以政府在政策法规、资金和人才培养等方面的扶持,以增强自身创造时尚的能力,最终达到时尚消费带动时尚生产,时尚生产刺激新时尚消费产生的发展方式。

唐忆文等(2013:70-72)建议上海近期应以"政府推动"和"消费驱动"的双引擎模式快速打造国际时尚中心形象,中远期则要以"设计之都"形成和其他国际时尚中心相当的长期竞争力。政府主导推动产业发展应依靠政府的资源配置能力将人才、品牌、文化等方面的时尚要素集聚形成"雪球效应",同时引进和发展时尚媒体、鼓励各类时尚协会、培育多元的消费群体,以诱发公众的时尚消费需求。

刘天(2011:52-54)认为,上海在现阶段应实施的时尚产业发展路径是:打造上海时尚消费聚集区;选取上海具有优势或一定基础的产业——纺织产业、服装服饰行业作为优先发展的重点,有主次地发展和提升时尚产业制造能力;培育本土设计力量及品牌。

颜莉、高长春(2012a:60-66)针对上海时尚产业发展现状、特点和存在的问题,根据模块化的相关理论,将上海时尚产业模块化发展的路径进行设计,认为上海时尚产业必须经过两个阶段。上海时尚产业目前处于时尚制造商为核心的核心企业协调下的网络组织发展阶段,这一阶段通过扶持创新要素、深化生产要素和提升消费要素三大举措,可以帮助时尚设计商成为核心企业,使其制造时尚概念和样品的功能得到最大限度的实现,使上海时尚产业成为具有海派特色、具备引领亚洲时尚潮流能力的模块化网络组织。第二阶段是对创新要素的进一步深化,通过核心企业的辐射作用,将本土化和国际化融入各个要素的发展进程,形成上海市区实现"时尚概念与样品"、上海周边实现"时尚设计和生产"、国内外大中城市实现上海特色"时尚体验与销售"三大模块功能的时尚产业发展格局。

从优化环境、完善产业链、打造发展载体等方面考虑,高骞(2009:93-95)认为,上海推动时尚产业进一步发展还需要进一步的产业导向政策(如时尚产业发展规划、时尚企业促进政策、时尚产业专项基金、培养龙头企业和时尚品牌的品牌战略、有利于设计产业外包化发展的政策)、时尚载体建设政策(如对大型时尚活动的支持、新一代时尚购物场所建设、时尚产业博物馆建设和时尚产品展示厅建设、时尚产业"街、廊、馆、店"布局构建)、公共服务政策(如组建时尚产业价值评估机构、时尚产业资源交易所、时尚管理学院以及培育、扶持专业时尚媒体平台、完善行业组织结构)和机制创新政策(时尚产业发展的推进机制和保障体制、时尚品牌保护机制、本土时尚品牌、时尚企业、时尚认识的宣传)。

唐忆文等(2013:70-72)从载体建设、产业体系、实施保障等方面提出上海发展时尚产业的举措,认为上海应发展时尚园区和时尚商圈两类功能互补的产业载体,结合城市空间布局,形成一片(历史风貌区)、两河(黄浦江、苏州河)、多点的总体格局;应通过鼓励文化创意和时尚设计结合,引进国际知名时尚企业区域总部,培育或引进有国际竞争力的品牌或企业,发展会展、媒体等配套产业,鼓励传统都市产业向时尚都市产业转型等方式构建开放综合的产业体系;应继续出台资金扶持政策、扩大开放的商务环境、完善知识产权等法律环境、强化长三角区域联动,完善时尚产业的实施保障。

颜莉、高长春(2012a:60-66)认为,针对上海时尚产业的现状及其模块化发展阶段遇到的问题,政府可以在五个方面有所作为:大力扶持创新要素,努力深化生产要素,尽快提升消费要素,创新要素、生产要素和消费要素之间的良性互动,本土化与国际化的融合。

2. 定位区域时尚产业中心的发展思路与规划

我国越来越多的城市正在时尚产业方面进行积极的探索。与上海、北京相比,青岛、杭州等城市的时尚之都定位则尚在区域层面。

发展思路上,这些城市发展时尚产业多出于轻工业转型和城市形象提升的综合考虑,计划采取"政府推动+消费驱动"的发展模式。从产业基础和经济发展水平上看,这些城市大多具备较发达的轻工产业、专业市场与展会、文化创意产业,进入后工业化发展阶段,面对产业转型升级压力和个性化消费兴起,正在寻求由工业经济向服务经济的转变,因此把时尚产业发展作为升级、改造传统轻工产业的战略方向与路径。从价值链角度看,这种转型是从低附加值的轻工制造向高附加值的时尚"智造"转变,实质是营造轻工产业创意设计新优势,促进传统产品与现代时尚元素结合,推动工业设计向高端综合设计服务转变、工业设计服务领域延伸和服务模式升级。从消费特点看,个性化时尚消费服务也符合"体验经济"特点。会展、传媒和流通等可作为时尚配套体系,在时尚产业的设计、制造和消费等产业链整合环节,加强产业集聚度中发挥作用。

这些城市的时尚产业集群构建往往与城市品牌提升和城市形象建设相结合,政府是重要的推动主体。城市是时尚产业的空间载体,时尚产业高度依赖都市资源。时尚产业是典型的都市产业,发展时尚产业是提升城市品位、优化城市功能和提升城市影响力的重要举措。政府引导对时尚产业与城市规划统筹布局,可以结合城市总体规划、区位条件、资源禀赋和产业基础等因素,建设功能错位互补的时尚产业载体、综合的时尚产业体系和完善的时尚产业实施保障。另外,政府可以从财政扶持、金融支持、土地保障、人才培育和配套建设等方面对时尚产业发展提供政策体系支持。

这些城市的时尚产业发展路径多包括打造多维度时尚消费空间、推进传统商业街区更新提升等。从我国的经济发展阶段和发展时尚产业的条件来看,目前我国时尚产业发展存在自主创新能力弱的突出问题,但是中国居民的人均消费支出不断上升,因此适宜采取"消费时尚"的发展模式。"消费时尚"的模式适用于厂商竞争力处于弱势,如缺乏引领时尚的设计和知名品牌,而只能通过内生或外来的时尚消费需求进行发展的情况(刘长奎、刘天,2012:32-33)。

这些城市发展时尚产业的策略和路径归纳起来包括规划时尚产业目标定位、时尚载体打造、产业园区建设、都市商业体系建设、新型产业联盟运作主体建设、时尚产业公共服务体系搭建和自主品牌培育等。具体如:

(1)做强、做优时尚产业集群。推进传统轻工产业时尚化,通过时尚设计、品牌运作、展示展览、信息传媒和标准检测等手段,促进流行时尚元素与传统轻工产业的融合,形成具有强大竞争力和区域特色的时尚产业集群。

(2)产业态势把握。制造业积极由规模批量向个性化、定制化生产转变,由集中生产向网络化异地协同生产转变,由传统制造企业向跨界融合企业转变;推进销售体系线上线下一体化、市场需求多元化、消费市场新兴化发展。

(3)产业支持政策。实施时尚创意企业促进政策,培养有影响力的企业和标志性自主时尚品牌;推进时尚品牌集聚,建设自主时尚品牌梯队,形成有特色有竞争力的著名品牌体系。

(4)产业载体建设政策。建设新型时尚购物街区,改造旧厂房、老街区,以园区、项目为载体推动时尚创意设计聚集区;支持开展大型时尚传播活动,争取世界级、国家级专业展览落户,提高时尚传播力和影响力。

(5)公共服务政策。培育、扶持专业时尚媒体平台;培养和选拔时尚人才,支持有条件的高校建设时尚管理学院;加强人才的培养与引进,建立创意设计高校教育培训基地,为时尚产业发展提供智力支撑。

(6)机制创新政策。建立时尚产业发展推进机制和保障体制,形成多元投入、市场运作、社会参与的发展机制,健全时尚产业版权和工业产权保护。

(7)培育行业协会。依托纺织服装、文化创意等相关行业协会作为沟通企业与政府和社会的渠道,为时尚产业发展营造良好的政策和服务环境(陈一新,2014:8-9;秦诗立,2014:29;张娜,2014:48)。

三、相关结论与思考

时尚产业具有多元、复合的产业内容,联结生产、设计、研发、信息、会展、中介、传媒、金融服务、专利保护、文化艺术、市场营销和教育等广阔领域。将一个尚未厘清的产业概念纳入研究与政府规划,需要处理以下两个问题。

1. 时尚产业的统计探索

在对时尚产业的范畴与边界进行明确界定之前,无法形成统计数据来支持政策对时尚产业的指引和关注。将基于设计与消费体验而产生的销售价值划入时尚产业是比较合理的,但实用性消费和体验性消费的差别很难区分。时尚产业与创意产业、工业设计的概念也很难区分统计。过于宽泛地界定时尚产业的范畴,将会使产业的划分产生过大的交叉。实践中我们可以尝试先在狭义的时尚产业范畴内进行统计探索。

2. 时尚产业的运营特性

时尚产业是以制造业为后盾的服务业,又是以服务业引领的制造业。发展时尚产业必须充分重视时尚产业的桥梁作用,在资源配置上做出有效规划,形成前后配套的时尚产业链,同时推进现代服务业和先进制造业健康协调发展。

第三篇 国内外时尚经济发展现状与成功经验

改革开放以后,随着中国经济持续稳定地增长,中国消费者不断攀升的时尚产品购买力已经使中国成为世界上最大的时尚消费市场之一,未来中国将是世界时尚产业的重要组成部分,其巨大的消费潜力必将让中国乃至全世界的时尚产业获得巨大机会。而宁波的时尚产业刚刚起步,现在该如何发展? 未来将走向何方? 这些问题都需要加以认真而又深入的研究。本篇从国外、国内两个方面,选择时尚经济发展较好的典型区域进行比较分析。国际上选取伦敦、巴黎、米兰、纽约和东京等五大国际时尚之都,国内选取北京、上海和广州等时尚经济发展先进地区,从发展现状入手归纳各先进地区时尚经济的发展特征或发展模式,进而找出时尚经济发展的成功经验,以期为宁波发展时尚经济提供参考借鉴。通过比较,人们不难发现,在国内外时尚经济发展千差万别的个性表现背后,总有一些带规律性的东西起作用,如有利的地理条件与人文环境、良好的时尚产业政策规划与时尚产业基础、享誉世界的时尚品牌、完善的时尚产业配套体系、有力的法律保障、浓厚的时尚文化氛围、坚实的时尚人才基础,等等。

一、国外时尚经济发展现状与成功经验

伦敦、巴黎、米兰、纽约和东京等地区被公认为世界五大国际时尚之都,通过对五地区的时尚产业发展要素进行比较分析,我们从中发现很多有价值的东西或者说成功经验,如发展时尚产业须具备科学的时尚产业发展规

划、发达的时尚产品交易平台、完善的产业配套体系、众多的国际时尚品牌、丰富独特的时尚文化和坚实的时尚人才支撑等发展条件。

(一)国外时尚经济发展现状

1. 国际著名时尚之都历史排名

对于国际时尚之都的标准,目前尚未有公认的定论。根据"全球语言监察组织"(Global Language Monitor,GLM)自2008年至2012年公布的国际时尚之都排行榜(如表3-1所示),伦敦、纽约、巴黎和米兰的历年排名都十分稳定。比较这四个城市的共性我们可以发现:对于国际时尚潮流的影响力和引领性、城市时尚文化和风格的独特性和吸引力、时尚产业的优质基础和综合实力是城市能否成为国际时尚之都的重要指标,而城市所在国家的政治、经济和文化实力则是其最基本的保证。时尚之都是在时尚领域具有相当影响力,策源时尚流行、引领时尚潮流、荟萃时尚品牌、集聚时尚企业、推动时尚传播的城市。

表3-1　2008—2012年国际时尚之都排行榜

城市	2012	2011	2010	2009	2008	平均排名/综合排名
伦敦	1	1	3	5	5	3/2
纽约	2	2	1	2	1	2/1
巴黎	4	3	4	3	3	3/2
米兰	8	4	6	1	4	5/4
洛杉矶	9	5	5	6	6	6/5
香港	12	6	2	7	11	8/6
巴塞罗那	3	7	9	14	25	12/8
新加坡	19	8	15	20	14	14/11
东京	20	9	14	12	10	12/8
柏林	10	10	18	19	11	13/10
罗马	6	13	22	4	2	8/6

有人把东京列为世界五大时尚之都之一,但有些欧美学者不承认东京是国际时尚之都,因为国际时尚之都都对艺术与个性有要求,而东京的东方文化特性对国际时尚潮流的引导力不足。

2. 国际五大时尚之都发展状况比较

国际五大时尚之都之所以享有时尚之都的美誉,是因为她们既有典型的时尚发展共性,也有鲜明的时尚发展个性。比如她们都有得天独厚的城市人文地理背景、积极的时尚产业政策规划、扎实的时尚产业基础、过硬的时尚品牌、完善的时尚产业配套体系、有力的法律保障、耀眼的时尚文化以及较好的时尚人才基础等。从表 3-2 中我们能够清晰地看到国际五大时尚之都的一些时尚发展优势或者共性和个性。

表 3-2　国际五大时尚之都时尚经济发展基础分析

要素	具体内容	巴黎	伦敦	米兰	纽约	东京
城市人文地理背景	自然条件	冬暖夏凉、四季分明北纬:48度	温带海洋性气候北纬:51度	四季分明北纬:45度	四季分明北纬:41度	气候温和北纬:35度
	城市背景	2000多年城市历史,法国的经济和金融中心,便利的陆海空交通运输条件	英国首都、世界金融资本汇聚之地和交易中心,重要的国际航空交通站和国际港口	2000多年城市历史,欧洲交通枢纽,意大利的"经济首都"	世界金融和经济中心,全球和欧美的交通中心,典型的移民城市	四通八达的交通网,日本的政治、经济、文化中心
时尚产业政策规划	政策规划	纺织服装业的政策措施,高级时装的保护和扶持政策,其他纺织品补助政策	设计师扶持政策,金融危机后的伦敦时尚产业扶持政策	政府资金支持和补贴产业收入,贷款便利化呼吁欧盟实施原产地强制标识	建立服装创业园区,为新秀设计师提供房租、融资渠道	经济产业省已确定了针对时尚产业的5个重点支持领域
时尚产业基础	时尚创意产业园区	左岸艺术区	伦敦创意产业园区,霍克斯顿创意园区,SOHO区,老啤酒厂,布里克巷	维罗纳时尚区	曼哈顿的SOHO区	日本杉并时尚产业中心
	时尚制造产业集聚区	巴黎北部郊区制造基地	伦敦制造业卫星城	普拉多纺织工业区等17个纺织服装工业区	纽约制衣区	京滨叶工业区

续表

要素	具体内容	巴黎	伦敦	米兰	纽约	东京
时尚品牌	知名品牌	Chanel，Hermes，Kenzo	Burberry，Alfred，Dunhill，Radley	Giorgio Armani，Versace，Prada	Coach，CK，DKNY，Mac Jacobs，Anna Sui	TOKYO STYLE，BAPE，OFUON，Porter
时尚产业配套体系	快速反应系统	时尚买手制	时尚买手制	时尚买手制	由大规模生产向大规模定制向快时尚转变	快速反应系统(QRS)和丰田缝纫体系(TSS)
	时尚流通业、消费业	九月四日大道，春天百货公司，拉法叶百货公司，香榭丽舍大道	哈洛德百货公司，玛莎百货公司，牛津街，杰明街，塞维尔街	维托伊曼纽二世拱廊，蒙提拿破仑街等	麦迪逊大道，珠江百货公司	松屋百货，银座商业区，涩谷商业区，23区
	时尚会展业	巴黎时装周，巴黎成衣展，女装设计展，第一视觉面料展	伦敦时尚周，伦敦珠宝周，英国伯明翰国际服装服饰博览会，伦敦成衣博览会	米兰时装周，米兰设计周，米兰家具设计展，米兰国际博览会	纽约时装周，美国时装设计师协会大奖，美国纽约面料，辅料及成衣展	日本时装周，日本电子展，日本通信博览会
法律保障	知识产权著作权	《知识产权法典》	《著作权、产品设计和专利法》，英国知识产权局(UKIPO)	《版权法》，知识产权法庭	《版权法》，《兰哈姆法》，《专利法》，国际知识产权联盟	《知识产权基本法》
时尚文化	时尚文化特色	贵族气质，时尚花都	英伦风格：保守的绅士与激进的青年	意式浪漫，名牌效应	休闲，简约，个性	东西文化交融
时尚人才基础	时尚创意人才培养机构	巴黎国立高等美术学院，ESMOD巴黎高级时装设计学院，法国时装学院	圣马丁学院，皇家艺术学院，伦敦时装学院，伦敦大学金史密斯学院	米兰大学，布雷拉美术学院，马兰欧尼学院，多莫斯学院，欧洲设计学院	纽约时装学院，纽约大学，纽约视觉艺术学院	日本东京艺术大学，文化服装学院，Mode学园
	时尚工会组织	法国高级时装工会，法国工业面料联合会，法国服装联合会，法国鞋业协会，法国香料生产企业协会	英国时尚与纺织协会(UKFT)，伦敦格林街珠宝协会(GSJA)，英国珠宝协会(BJA)	意大利国际时尚协会，意大利奢侈品制造商协会，意大利国家服装协会	美国服装设计师协会(CFDA)，纽约时装技术学院，普瑞特艺术学院	东京设计师协会，社团法人电子信息技术产业协会，日本珠宝设计师协会

3. 国际五大时尚之都时尚经济发展特征分析

据权威机构研究分析,国际时尚之都(伦敦、巴黎、米兰、纽约和东京)是在国际时尚领域具有相当影响力、策源时尚流行、引领时尚潮流、荟萃时尚品牌、集聚时尚企业、推动时尚传播的城市。综观国际时尚之都的发展,有以下特点:

(1)制定科学的时尚产业发展规划,形成时尚产业的集聚效应

从产业发展历程看,五大时尚之都大多通过对时尚产业发展的科学规划,实现了时尚产业的集群式发展。伦敦出台了多达 26 项时尚创意方面的政策规划,促进了伦敦创意产业园、制造业卫星城等时尚产业集群的形成。米兰的维罗纳时尚区、普拉多纺织工业区,巴黎的北部郊区制造业基地,纽约的曼哈顿 SOHO 区,东京的杉并时尚产业中心、京滨叶工业区,这些时尚园区都是在科学的发展规划下才得以形成并蓬勃发展的。

(2)整合完善时尚产业链,形成扎实的时尚产业基础

从产业链角度看,五大时尚之都均具有发达的时尚制造业、会展业、流通业、消费业、传媒业,促进了时尚相关产业的有效衔接和整合,形成了扎实的时尚产业基础。例如,巴黎大区的时尚展览会每年接待 72.5 万名参观者和 2 万家参展企业;每年两次的纽约时装周直接创收 46.6 亿美元,每年举办的时装秀共计 250 多场,收入 77.3 亿美元;伦敦、米兰和巴黎的时尚买手制打造了先进的时尚产业链前端采购驱动体系;纽约的麦迪逊大道、珠江百货公司等消费平台为时尚产品的市场化搭建了良好的平台。

(3)开发众多的国际时尚品牌,提升国际时尚竞争力和潮流话语权

从品牌建设角度看,品牌的汇聚为五大时尚之都的时尚产业带来了丰厚的产业利润,创造了强劲的市场需求,形成了其成为时尚之都的国际核心竞争力,提升了国际时尚潮流话语权。伦敦拥有 Burberry、Alfred、Dunhill、Radley 等多个国际知名品牌,是公认的男装中心;米兰和巴黎则拥有 Giorgio Armani、PRADA、Channel、Hermes 等众多奢侈品牌;巴黎以优雅的高级女装著称,强调时装的艺术性;米兰是公认的成衣之都,众多品牌为大家所熟知;纽约的 Coach、CK、DKNY 等品牌畅销各国,出色的便装和运动休闲风格,被众多消费者所喜爱;三宅一生是东京的品牌骄傲。

(4)形成丰富独特的时尚文化,提供时尚创意的文化源泉

从文化塑造层面看,五大时尚之都均有丰富独特的时尚文化风格,构筑了国际时尚之都的内在驱动力,形成了浓厚的创意灵感氛围,夯实了时尚产

品的文化底蕴。巴黎的时尚文化体现了抽象的高雅风格；伦敦时尚既有绅士风格，又有反叛激进风潮；米兰的时尚热烈而富有幻想、华丽而追求品质；纽约是一个相对年轻的移民城市和商业城市，多元化、实用化和娱乐化成了纽约时尚文化的精髓；东京则是东西文化通融的典型，其时尚文化是东西文化、前卫与传统、艺术和品质融合为一体。

（5）配套完备的法律体系，保障时尚产业健康发展

从法律体系层面看，五大时尚之都均具备完善的时尚产业法律保障体系。英国的《著作权、产品设计和专利法》、法国的《知识产权法典》、意大利的《版权法》、美国的《专利法》、日本的《知识产权基本法》都为五大时尚之都时尚产业发展提供了法律保障，促进了时尚创意与知识创新。

（6）培养高水平的时尚人才，构筑时尚经济发展的智力支撑

从人才培养角度看，五大时尚之都拥有众多高水平的时尚设计师和时尚买手的培养院校机构，是世界设计师的摇篮，为全球培养了众多视角敏锐、品味独特的时尚买手，目前伦敦的圣马丁学院、皇家艺术学院，米兰的米兰大学、欧洲设计学院，巴黎的巴黎国立高等美术学院，纽约的纽约大学、纽约视觉艺术学院，东京的日本东京艺术大学，这些时尚产业的科研与人才培养机构为五大时尚之都的时尚产业发展提供了源源不断的智力支持。

（二）时尚产业的国际经验

1. 区域背景：四季分明的气候和超高的国际地位

区域的人文地理条件是世界时尚之都的一个先决条件，那就是必须具备四季分明的气候，如此才能拥有春夏秋冬格调鲜明的时装、装扮多彩的时尚生活（表3-3）。

表3-3　五大时尚之都地理条件对比

城市	经度	纬度	1月平均气温	7月平均气温
伦敦	东经0.1°	北纬51.3°	4.2℃	17℃
巴黎	东经2.2°	北纬48.51°	3℃	18℃
米兰	东经9.11°	北纬45.28°	1℃	23℃
纽约	西经74°	北纬40.71°	3℃	28℃
东京	东经139.46°	北纬35.42°	3℃	25℃

2. 时尚品牌：一批代表性的世界级品牌

国际时尚品牌是国际时尚之都的核心竞争力，品牌的影响力决定着时

尚潮流的话语权。五大国际时尚之都的时尚产业都有一批代表性的世界级品牌,构成其时尚之都的核心专业条件(详见表 3-4、表 3-5)。如伦敦是公认的男装中心,巴黎以优雅的高级女装著称,米兰是公认的成衣之都。巴黎的珠宝和香水、伦敦的瓷器、纽约的个人护理用品、米兰的皮具和家具、东京的生活用品均被称为当地城市的招牌。

表 3-4　代表性世界品牌列表——品牌贡献排名

Top 10 最高品牌贡献

排名	品牌	隶属公司(母公司)	品牌贡献
1	Louis Vuitton 路易威登	LVMH	5
2	Porsche 保时捷	Porsche Ag-Pfd	5
3	Chanel 香奈儿	Chanel Sa	5
4	Cartier 卡地亚	Cie Fin. Richemont	5
5	Hermes 爱马仕	Hermes International	5
6	Gucci 古琦	Ppr	5
7	Rolex 劳力士	Montres Rolex S. A.	5
8	Hennessy 轩尼诗	LVMH	5
9	Moet & Chandon 酩悦	LVMH	5
10	Fendi 芬迪	LVMH	5

来源:Millward Brown Optimor(including data from BrandZ, Datamonitor, and Bloomberg)。

表 3-5　代表性世界品牌列表——最强品牌势头排名

BrandZ 100 强品牌排行

Top 10 最强品牌势头

排名	品牌	隶属公司(母公司)	品牌贡献
1	Google 谷歌	Google Inc	10
2	Apple 苹果	Apple Computer Inc	10
3	Louis Vuitton 路易威登	LVMH	10
4	Starbucks 星巴克	Starbucks Corporation	10
5	Porsche 保时捷	Porsche Ag-Pfd	10
6	eBay 易趣	eBay Inc	10

续表

排名	品牌	隶属公司（母公司）	品牌贡献
7	Chanel 香奈儿	Chanel Sa	10
8	Hermes 爱马仕	Hermes International	10
9	Amazon 亚马逊	Amazon Com. Inc	10
10	Rolex 劳力士	Montres Rolex S. A.	10

来源：同表 3-4。

3. 配套体系：发达的时尚消费平台和展览展示平台

五大时尚之都均具有发达的时尚消费平台，如伦敦的哈洛得百货公司、米兰的维托伊曼纽二世拱廊、巴黎的春天百货公司、纽约的麦迪逊大道、东京的松屋百货等。同时五大时尚之都均具备高度发达的时尚展览展示平台，如伦敦的时装周、珠宝周和成衣博览会，米兰的时装周、设计周、家具设计展和国际博览会等。

4. 时尚人才：杰出的设计师和高端教育机构

时尚创意、设计、研发人才是关键。巴黎的时尚品牌多为设计师品牌，如路易威登、克里斯汀·迪奥，伦敦则是给予新人设计师充分展示才华的舞台，米兰的设计师不仅是品牌的创立者和经营者，也是品牌的设计者。国际时尚之都拥有时尚设计创意人才高端教育培训机构，如伦敦的圣马丁学院、皇家艺术学院，米兰的米兰大学、欧洲设计学院，巴黎的巴黎国立高等美术学院，纽约的纽约大学、纽约视觉艺术学院，东京的日本东京艺术大学。

5. 时尚文化：独特的时尚文化风格魅力

五大时尚之都均有独特的时尚文化风格，巴黎形成了抽象的高雅风格，伦敦形成了严谨、整肃、绅士化的男装和生活时尚风格，米兰构成热烈而富有幻想、华丽而追求品质的时尚文化基调，纽约的多元化、实用化和娱乐化成了时尚文化的精髓，东京则是东西文化通融的典型。

6. 时尚产业：控制或拥有产业链关键环节

拥有雄厚的时尚产业力量，能控制或拥有产业链关键环节是世界时尚之都形成和发展的基本条件。如完成了从生产销售型到服务型经济的转移，坚持保留制造业，追求制作技术优势和特色，寻求时尚产业的新增长点等。

7. 时尚政策:专门管理部门和专项政策

国际时尚之都的形成离不开政府的大力支持和有效管理,国际时尚之都均将时尚产业定位为城市经济发展的重点产业,出台各类政策推动时尚产业发展。巴黎专设消费品处负责时尚产业规划和相关产业策略,伦敦则出台了设计师扶持政策、金融危机后的伦敦时尚产业扶持政策。意大利专设时尚产业部门管理米兰时尚产业。

8. 时尚法律:知识产权保护

完备的法律保障体系是促进产业健康持续发展的制度保障,五大时尚之都均具备完善的时尚产业法律保障体系,英国的《著作权、产品设计和专利法》、法国的《知识产权法典》、意大利的《版权法》、美国的《专利法》、日本的《知识产权基本法》都为五大时尚之都时尚产业发展提供了法律保障。

二、中国时尚经济发展现状与成功经验

时尚经济发展的先进地区需要具有雄厚的时尚产业链基础、较大的发展潜力、国际品牌在高端市场占据主导地位、具有外部推动型的因素等特征。从我国时尚经济发展现状来看,北京、上海和广州(简称北上广)在经济发展水平、产业政策支持等方面具有先发势,具有发展时尚经济的基础和条件,是时尚经济发展的先进地区。通过对北上广三个地区的比较分析,能够找出我国时尚经济发展的基本特征与主要模式。

(一)中国时尚经济发展现状

1. 中国时尚旅程回眸

(1)改革开放后,随着大众思维观念的解放,国内服装业和百货业开始多彩多样

1)服装色彩从绿、灰、蓝逐渐多彩多样。绿、灰、蓝一度成为人们着装的"主流"色彩,那个时代大合照人们的着装都是相同颜色、相同款式,像极了无数个"复制品"。而随着时代的变迁,20世纪70年代中期开始,多彩的服装逐渐开始出现在大街小巷,成为一道道亮丽的风景。

对于改革开放后长大的一代中国人来说,一提起西方时尚,恐怕会立刻想到皮尔·卡丹。皮尔·卡丹先生是第一位来中国的欧洲设计师,当他身

着黑色毛料大衣,脖子上随意搭条围巾,气宇轩昂地走在北京大街上的时候,吸引了众人目光(图3-1)。更令人惊喜的是,他之后在北京饭店举办的时装秀大大打开了国人的眼界,用观念的冲击进行了一场时尚"启蒙"。

图3-1 皮尔·卡丹在中国

时光飞逝,改革开放30多年过去了,皮尔·卡丹逐渐被 Louis Vuitton、Dior 等眼花缭乱的奢侈品牌淹没。但追溯中国时尚的历史,皮尔·卡丹还是在中国人的记忆中留下难以取代的印象。

2)百货业开始发展。20世纪50年代,王府井百货的开幕带领中国百货业进入国营时代。而历史的车轮行驶到70年代中后期,国营百货逐渐暴露出效率低下、机构冗杂、业绩下滑等诸多弊端,深受体制限制的百货业急需"松绑"。伴随着改革开放的春风,一批眼光超前、思想灵活的企业家开始"跃跃欲试",经营放开、价格放开、分配放开、用工放开的百货业变革大大推动了百货业的发展,中国百货业逐渐迈上了快速发展的轨道。

(2)20世纪80年代国际时尚杂志进入中国后,成为绝大多数国人最早的时尚启蒙来源,也形成了较早的一批从业者圈子

1988年,《世界时装之苑》(ELLE)进入中国,这是第一本来到中国的国际时尚杂志。当时的中国仍是一片时尚的沙漠,每一滴水都极其宝贵。在这样的背景下,ELLE 所扮演的角色早已超出了一本普通时尚杂志。由于编辑为模特搭配的一些服装充分体现了中国特色,自然、时尚而不另类,ELLE 很快就成为当时人们搭配和剪裁服装的榜样。而后,《时尚》(Cosmo)、《时尚芭莎》等与国外时尚杂志版权合作的杂志也逐渐红遍中国,为国人打开了时尚世界的大门。这一点有别于西方以设计师为核心的时尚圈,是中国独有的时尚行业特色——时尚圈的形成,更多的是以媒体为核心。

2. 中国时尚产业发展现状

(1)电商挖掘时尚营销新渠道,百货模式受挑战

近75%的时尚人群有每周关注时尚信息一次以上的习惯,有1/4的人每天都关注时尚消息。其中,女性消费者最关心的是服饰,而男性消费者最关心的是汽车(详见图3-2)。

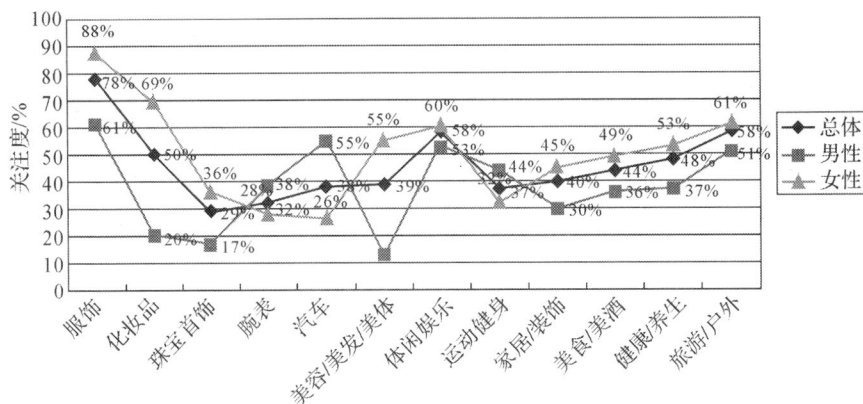

图 3-2 时尚信息关注情况

在获得时尚信息渠道方面,超过六成时尚人群使用互联网,而传统的杂志媒体形式也依然有近五成的人在使用。伴随着新媒体时代的到来,移动终端设备已经超越电视,占比45%,紧随杂志之后,成为消费者获取时尚信息的第三大渠道(详见图3-3)。时尚产品的购买渠道详见图3-4。

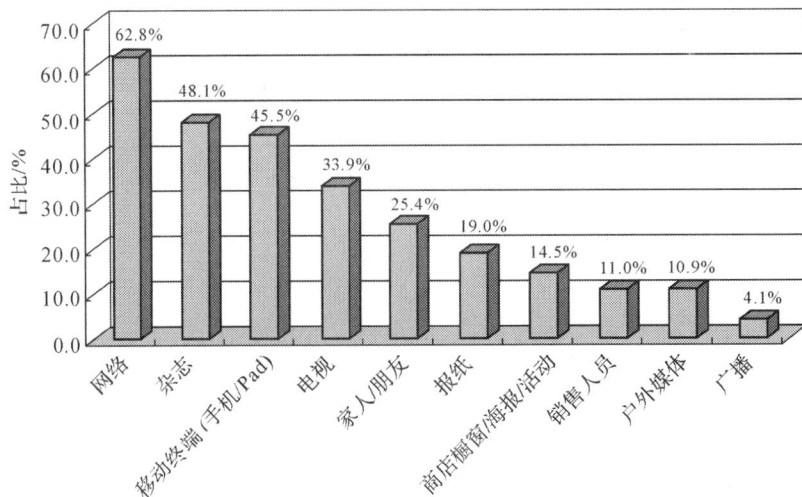

图 3-3 时尚信息获取渠道

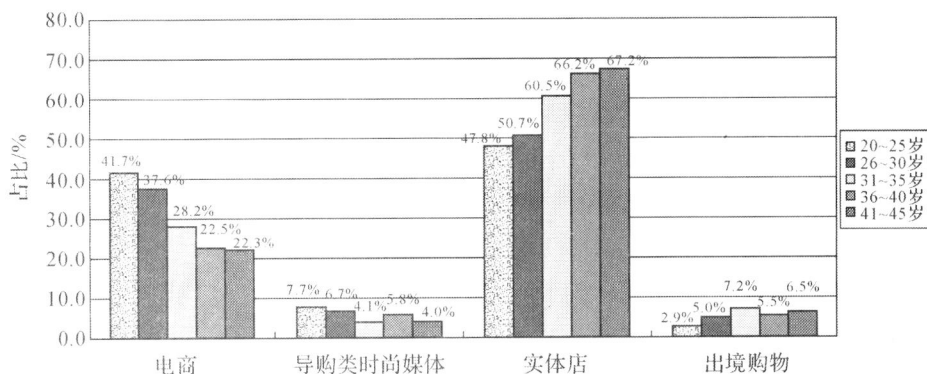

图 3-4　时尚产品购买渠道

（2）奢侈品增势有所放缓，设计师品牌与高端定制逐渐兴起

在欧美日发达的时尚市场，具有独特风格与明显个性的设计师品牌发展势头日益强劲，这是因为中产白领阶层的部分奢侈品消费转移到个性风格明显而价格只是一线品牌 1/3 的设计师品牌中，设计师品牌"后奢侈"消费的第二战场更加明显。这种趋势在法国、德国的成衣展会中得到充分印证，以设计师品牌为主力的"WHO'S NEXT"时装展异常火爆，展馆常常爆满。与此同时，高端定制也成为时尚消费新宠。详见图 3-5、图 3-6、图 3-7。

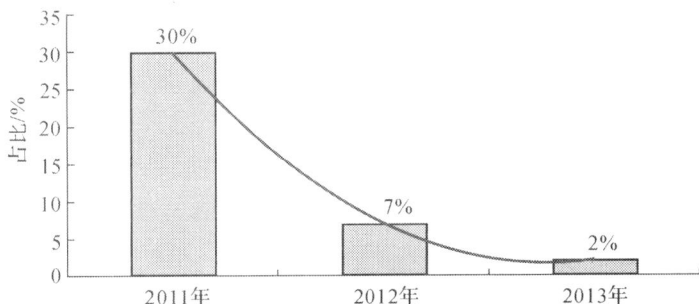

图 3-5　奢侈品消费情况

资料来源：贝恩公司《2013 年中国奢侈品市场研究》。

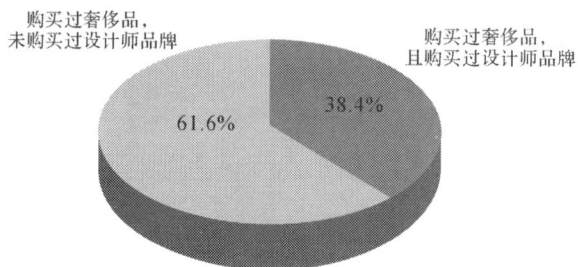

购买过奢侈品，未购买过设计师品牌

购买过奢侈品，且购买过设计师品牌

61.6%　　38.4%

图 3-6　设计师品牌购买情况

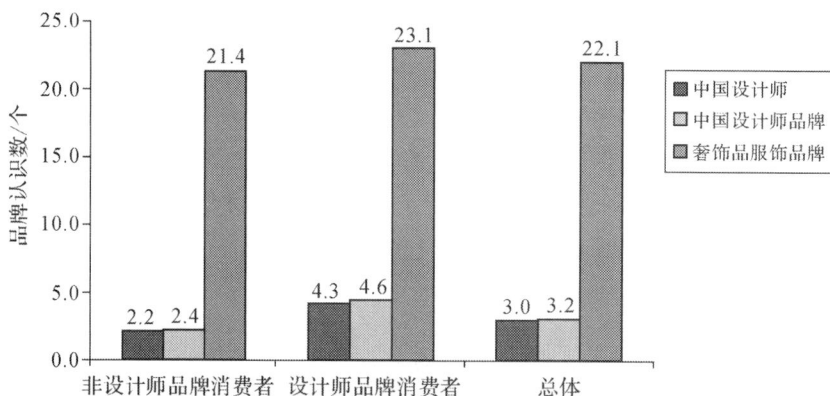

图 3-7　2013 年消费者对设计师、设计师品牌及奢侈品服饰品牌的认识个数

（3）服饰、珠宝主导中国时尚消费

有数据显示，在服装、珠宝、腕表、化妆品/香水及汽车等五类奢侈品中，服装、珠宝是近年来中国 20 个大城市时尚消费的主导力量，至 2013 年，这种消费趋势日益明显。具体情况如图 3-8 所示。各品类时尚产品消费动因分析详见图 3-9。

（4）中国城市普遍出现时尚发展滞后于经济发展

正如新常态出现之前，中国居民人均可支配收入增幅长期"跑输"GDP增幅一样，在我国，大城市发展过程中的时尚软指标也长期低于经济硬指标。这一点可以通过图 3-10 得到证明。

（5）国内时尚人才培养亟待加强

以服装行业为例，预计未来 3 年，时尚人才缺口将达到 10 多万人。

目前，我国尚没有一所高校开设时尚管理专业，仅有 3 所大学和国外学校合作开办了时尚管理课程，即：清华经管学院联合法国时尚学院和巴黎

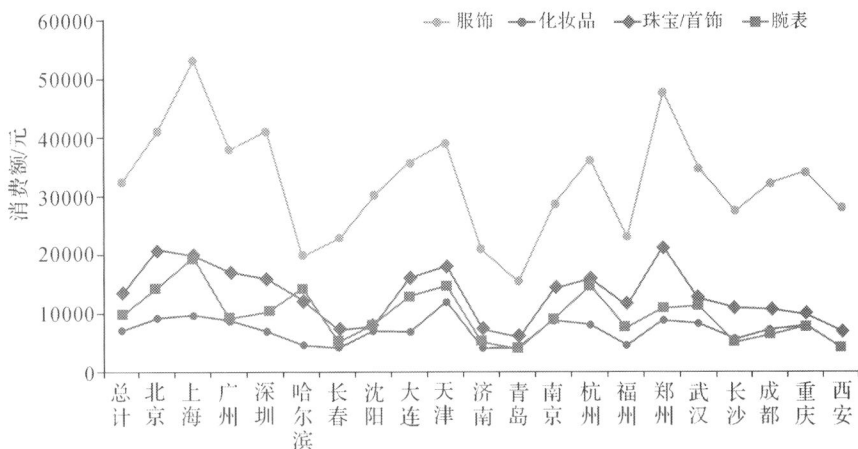

图 3-8　2013 年消费者在各类时尚产品的消费情况

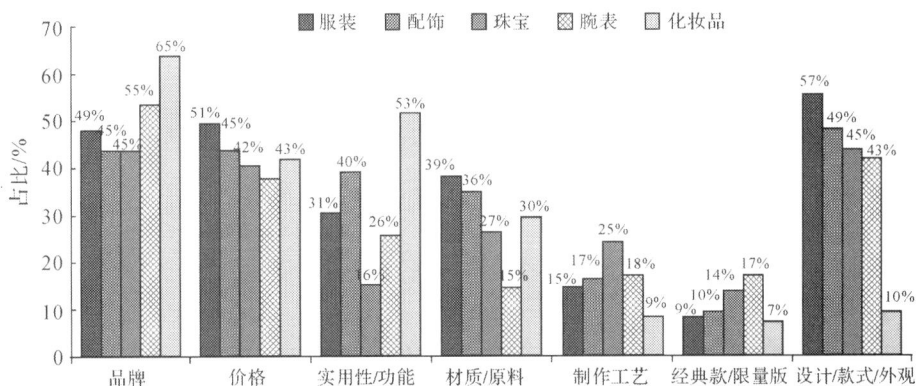

图 3-9　各品类时尚产品消费动因分析

HEC 商学院合作的 EMBA 时尚管理课程、中国人民大学国际学院与法国 IESEG 商学院共同合作的国际时尚管理硕士课程、复旦大学管理学院与欧洲两所商学院联合开办的"中国—欧盟品牌建立与时尚产业管理课程"项目。教育部高等学校专业目录设置中与时尚相关专业有 8 个（如表 3-6 所示），对照国外代表性院校设置的时尚类专业（如表 3-7 所示），我国尚未设置时尚设计、营销、管理等专业。

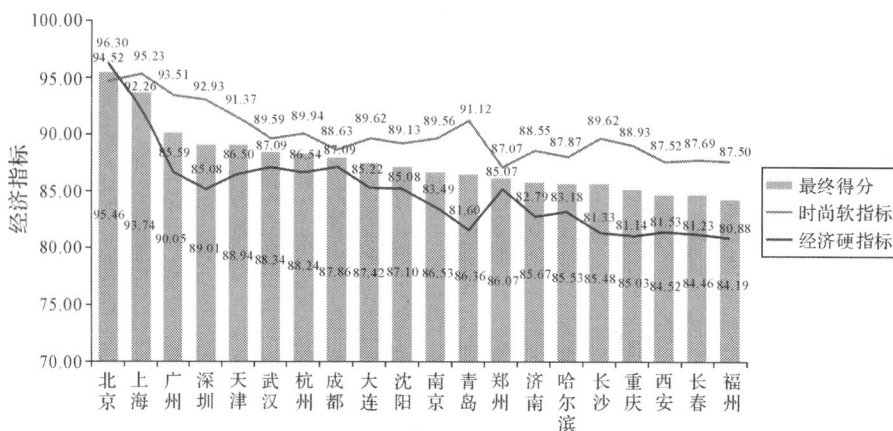

图 3-10　2013 年中国主要城市时尚经济指标分析

表 3-6　2012 年教育部高等学校专业设置目录(时尚相关专业)

专业代码	专业名称
081604T	服装设计与工艺教育
081602	服装设计与工程
130501	艺术设计学
130503	环境设计
130504	产品设计
130505	服装与服饰设计
120202	市场营销
120903	会展经济与管理

表 3-7　国外代表性院校设置的时尚类专业

院校	专业名称
纽约州立大学/纽约时装学院	Globe Fashion Management 全球时尚管理
帕森斯设计学院	Fashion Marketing 时尚买手
法国 ESMOD 高等时装设计学校	Fashion Design & Creation 时尚创意设计
法国巴黎高等管理学院集团	MBA in Luxury and fashion Management 奢侈品和时尚管理
伦敦艺术大学	Fashion design and tecnology 时尚设计与工艺

3. 中国时尚产业发展趋势

(1)"创意、绿色、品牌、文化"引领时尚经济新潮流

在中国,"创意、绿色、品牌、文化"是引领时尚经济新潮流的四个重要力量(图3-11)。创意是一种突破,是对现有技术、产品、营销、管理、体制和机制等方面的突破。发展时尚经济离不开创意设计、创意产品和创意生活。绿色是指健康、环保。它要求企业在选择生产技术、开发新产品时,必须考虑减少从生产原料开始到生产全过程的各环节对环境的破坏,即必须做出有利于环境保护、有利于生态平衡的选择。绿色理念也引导消费者如何判断商品是否重视或符合环保标准。品牌是指消费者对产品及产品系列的认知程度,当人们想到某一品牌的同时总会和时尚、文化、价值联想到一起,企业在创品牌时不断地创造时尚,培育文化,随着企业的做强做大,不断从低附加值向高附加值升级,向产品开发优势、产品质量优势和文化创新优势的高层次转变。当品牌文化被市场认可并接受后,品牌才产生其市场价值。文化是指人类活动的模式以及给予这些模式重要性的符号化结构。当今社会,人们已经赋予文化以一种新的意义,即:文化引领时尚,时尚改变生活。

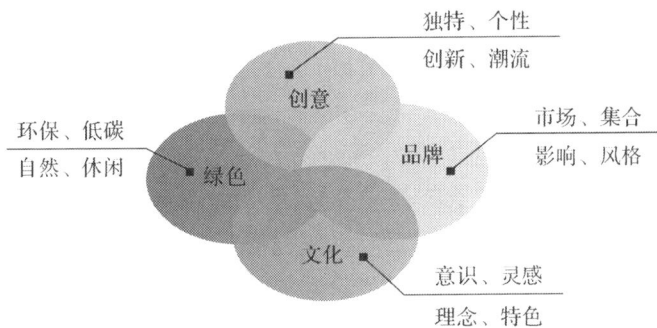

图3-11　引领时尚经济新潮流的四个重要力量

(2)互联网(电子商务)拓展国际时尚营销新渠道

互联网正在给予消费者更多的权利。每个人都可以在网上进行店铺比较:消费者可以通过浏览购物网站,以确认企业所声称的折扣是否是真的优惠。调查研究表明,在美国和欧洲,大约90%的零售店购物都基于在事前的网络调查。这实际上是实体和网络零售融合的全渠道经营模式的一种初级形式,其更高的形式便是B2C。B2C即企业通过互联网为消费者提供一个新型的购物环境——网上商店,消费者通过网络在网上购物、在网上支付。由于这种模式节省了客户和企业的时间和空间,大大提高了交易效率,特别

对于工作忙碌的上班族,这种模式可以为其节省宝贵的时间。图 3-12 显示了中国网上零售 B2C 市场份额。

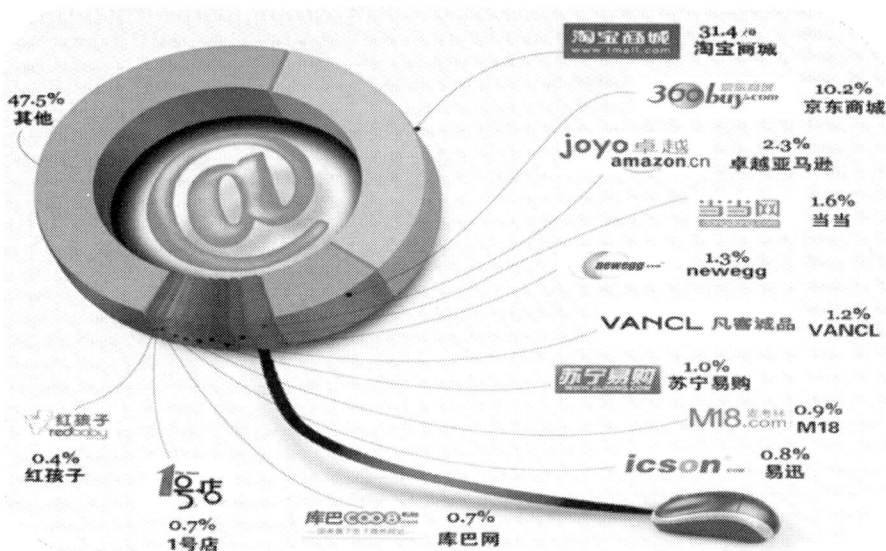

图 3-12 中国网上零售 B2C 市场份额

(3)新兴品牌国际化扩张趋势明显

天刚破晓,智利首都圣地亚哥郊外,米盖尔·巴蒂亚斯家中的巨幅长虹幕墙智能电视准点启动,开始播放新闻和天气。他的中兴可折叠智能手机也开始自动读报最新的电子邮件。从格力中央空调智能管理的淋浴间出来,米盖尔一边嚼着美的互联网面包机下载的最新配方烘焙的新鲜麦芬,一边换上海尔洗衣机自动洗净、烘干和除皱的衬衣,跳上江淮全电动力自动驾驶 SUV 前往市中心的联想南美总部上班。在办公室,米盖尔用腾讯软件同北京、新德里和新加坡的同事开展高清 3D 虚拟同室会议,而联通各大洲的极速互联网主干的正是中国电信的 5G 全球网络。到 2020 年,在自主品牌汽车,以冰箱、洗衣机、空调为代表的白色家电,以电视机为代表的消费电子产品,以智能手机和电脑为代表的移动通信产品,以及移动互联网和电子商务服务这五大门类中,将涌现出一批占据世界领先地位的中国品牌。

(4)“时尚设计类”与“品牌推广”人才受宠市场

在管理、营销、人力资源和财务等领域,时尚产业未来 10 年面临 100 万人的人才缺口。2012 年中国时尚产业迎来爆发性发展,预计未来 3 年,本土设计师、时尚买手、时尚品牌营销人才等时尚人才缺口将达到 10 万人。详见图 3-13。

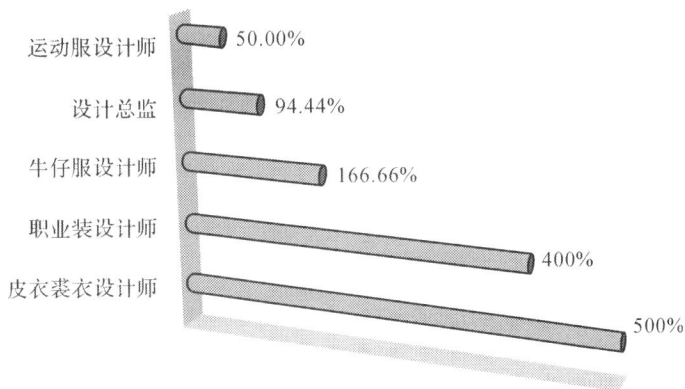

图 3-13　我国设计类人才需求增长情况

（5）F2C 模式拓展时尚产业发展新方向

"F"指工厂，"C"指消费者。F2C 是指依托高新技术的模式把工厂产品直接卖给消费者，包括电子商务、手机、物联网、数据库等多种要素。

F2C 高新技术销售模式具有如下特点（图 3-14）：

第一是数字化的量身；

第二是让定制更加个性化；

第三是价格质量有优势；

第四是解决了大库存。

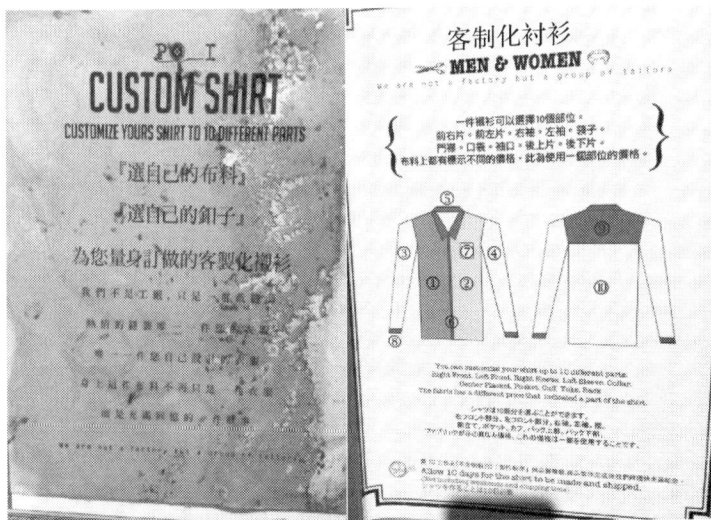

图 3-14　F2C 模式

（6）服务和体验成为价值竞争的新战场

目前，以手工制作、个性化和高品质为特点的服装高级定制已成为高端消费人士的首选，而消费者参与创新，消费者参与塑造品牌文化，以个性化为导向的产品定制、体验、创新，正引领着时尚潮流新趋势（图 3-15）。

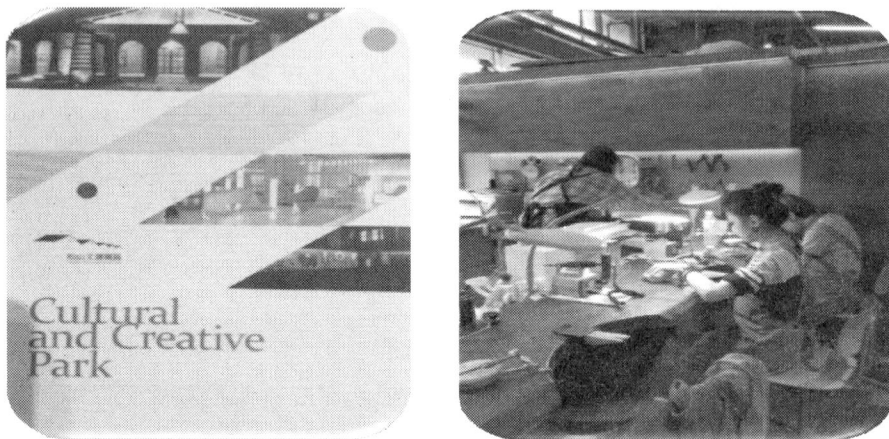

图 3-15　服务＋体验模式

（7）奢侈品市场消费潜力巨大

《2013 中国奢侈品市场研究报告》显示，中国人已经成为世界范围内最大的奢侈品消费群体，购买了全球约 25％的奢侈品（图 3-16）。

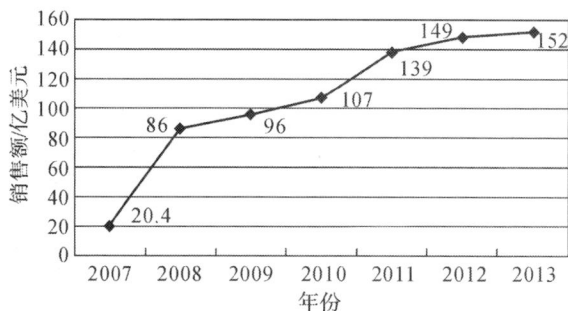

图 3-16　2007—2013 年中国奢侈品销售额

（二）我国先进地区时尚产业发展现状与经验

时尚经济发展的先进地区需要具有雄厚的时尚产业链基础、较大的发展潜力、国际品牌在高端市场占据主导地位、具有外部推动型的因素等特征。从我国时尚经济发展现状来看，北京、上海和广州（简称北上广）在经济发展水平、产业政策支持等方面具有先发势,是时尚经济发展的先进地区。通过对这三个地区的比较分析,可以归纳出我国时尚经济的发展特征与主要模式。

1. 北上广时尚产业发展现状的比较分析

我国时尚产业尚处在起步阶段。2008年由国务院研究室、中国社科院等研究机构共同参与的课题组发布了《中国时尚产业蓝皮书2008》,对中国时尚产业的发展思路、战略途径提出了对策建议。

从全国各地来看,部分经济发达省市开始倡导发展时尚产业较早。一线城市时尚消费水平普遍高于二线城市,北上广成为时尚指数最高的城市,是我国时尚经济发展的先进地区。北京市在"十二五"都市产业发展规划中,将纺织服装业、家居日用品业作为时尚产业列入都市产业发展重点领域,提出要建设"世界时尚之都";上海提出建设"第六大国际时尚之都",重新振兴轻纺产业,促进二、三产业融合发展,构建以服务业为主的产业结构;广东省提出要打造"世界时尚产业基地",力促广州和深圳成为"中国时尚之都",东莞虎门镇成为中国首个"时尚名镇",推动时尚产业发展(具体做法详见表3-8),但上述省市都未就时尚产业发展出台相应的专项规划和专门的政策意见。

表 3-8　我国典型地区时尚经济发展对比

城市	北京	上海	广东
重点产业	服装纺织业、家居日用品业	服装服饰业、日用化品业、黄金珠宝首饰业、家居用品业、时尚数码消费品业	广州:服装业 深圳:服装、黄金珠宝、钟表业 东莞虎门镇:服装业
目标定位	世界时装之都	第六大国际时尚之都	国际时尚产业基地
主要做法	1. 建立了时尚设计园区——北京时尚设计广场; 2. 重点推进服装设计、品牌、渠道领域建设; 3. 开展如中国服装服饰博览会、中国国际时装周、北京时装之都十大时装品牌评选等活动。	1. 市政府将"时尚产业"列入《上海产业发展重点支持目录》; 2. 依托大学、旧城区改造和新城区创建等建立一批特色时尚创意产业园区; 3. 建立上海国际服装服饰中心、上海品牌推进中心以及由高校为主的时尚人才专业服务网络,成立上海时尚联合会; 4. 开展上海国际服装文化节、上海国际时尚周、服装设计大赛等。	1. 出台《广东省纺织工业调整和振兴规划》,提出打造和培育"时尚产业"; 2. "两都一镇"工程:广州和深圳成为中国时尚之都,东莞成为时尚名镇; 3. "六个一"工程:一个《时尚大家》电视节目,一本《时尚中国》杂志,一个时尚中国论坛,一个中国广州时尚产业博览会,一个中国十年时尚产业风云榜活动,一套为省内时尚企业提供优质服务。

2. 北上广时尚产业发展特征分析

从国内时尚产业发展的区域来看,在以下几个方面有着共同的特征。

(1)具有雄厚的时尚产业链基础

时尚产业的发展需要相关产业的支持,缺少相关时尚支柱产业只是"贩售时尚"而非"创造时尚"。雄厚的时尚产业力量、能控制和拥有完整的时尚产业链是时尚产业发展的产业基础。这部分将以北上广等一线城市为例分析其产业基础,目的在于说明时尚产业的发展需要都市型工业相关产业的支持。

(2)具有较大的发展潜力

分析北上广区域化妆品业、消费类电子产品业、服装业、珠宝首饰业和动漫产业等时尚产业的技术水平和创新能力,用数据来说明已经出现了有影响力的时尚品牌。

(3)国际品牌在高端市场占据主导地位

分析近年来国际品牌占据我国时尚消费品市场的情况,用北上广数据来说明国际品牌在高端市场占据主导地位的格局已经形成。在高端市场国内消费者对国际品牌有相当高的认可度。

(4)具有外部推动型的因素

在时尚产业的形成和发展过程中,政府导向、行业协会和企业组织等诸多外部推动性的因素不容忽视。这部分分析北上广时尚产业形成过程中政策扶持、行业协会的有效管理、企业组织的自律情况发挥了至关重要的作用,说明在我国现阶段必须依靠政府导向、行业协会和企业组织等诸多外部推动性的因素来发展时尚产业。

3. 北上广时尚产业发展模式分析

对比不同时尚产业发展模式:消费时尚发展模式、制造时尚发展模式、政府主导发展模式和市场导向发展模式,目的是提出有针对性的选择方式,为我国发展时尚产业提供理论基础。我国的经济发展阶段和发展时尚产业的条件决定了我国适宜采取消费时尚发展模式,政府应积极扶持,进一步推进时尚产业发展。

(1)消费时尚发展模式

以时尚消费需求为导向,将销售与生产、市场与设计对接,逐步围绕时尚核心产业服务,延伸拓展关联产业。这一发展模式重点在于了解消费者对时尚产品的需求,并有针对性地提供服务和产品,以满足这些时尚消费需求,而非简单的生产。消费时尚产业发展模式的特点在于产业根据对时尚消费的洞察力进行设计、生产和营销决策,以满足那些潜在的、未满足的顾客需求,向顾客提供一种前所未有的价值,可以产生内生式的消费需求,以消费刺激生产,生产带动消费。

(2)制造时尚发展模式

制造时尚的发展模式是指时尚产业依托领先的设计、强大的工艺基础、技术优势或知名品牌,不断推出新时尚,引领时尚消费的走向,并逐步跨界带动相关产业的多元化和集群化发展,形成完善的高附加值的产业结构。在这种模式下,时尚的生产商主导着产业发展的方向。制造时尚产业发展模式的特点在于时尚的制造者通过不断地推出独创的、有特色的时尚产品,教育和引导时尚消费,从而拉动时尚产业的发展。

(3)政府主导发展模式

政府主导的时尚产业发展模式,是指以国家政府积极介入时尚产业的发展,在强调市场配置资源的基础性作用上,突出政府功能的发挥。政府主导的时尚产业发展模式的特点在于政府对时尚产业发展进行科学规划,多头并举,在组织管理、人才培养、资金支持和政策法规等方面具有较大的支持力度,对产品研发、制作和出口等环节进行系统的培育与扶持。其优势在于有主导产业的权威组织,宏观控制能力强,突出政府服务功能,重视产业整体形象,强调政府的扶持和导向功能。

(4)市场导向发展模式

市场导向的时尚产业发展模式是指在成熟的市场经济基础上,以满足时尚需求为先导,倡导企业的自由竞争。其思路是指从市场出发,通过对市场深层次的理解,明确时尚消费者的要求,针对特定的细分市场,找出产业与市场需求的对接点,然后以此为依据来设计适应市场需求的产品。市场导向的时尚产业发展模式的特点在于以市场需求为先导,产业内部各部门根据自身优势和特点自发地寻求与市场的对接点,由市场中"看不见的手"对产业进行调节。

(三)国内外时尚产业发展经验对宁波的重要启示

分析国外时尚经济发展的基本经验可以为宁波时尚经济发展提供具有可操作意义的参考。

1. 制定专门规划与出台扶持政策,加快产业转型升级和提高产业整体竞争力

要加强对时尚产业的研究和宣传,培育新型的产业观念和创新意识,制定时尚产业的战略发展规划。通过建立时尚消费产业互动机制,打造完善的产业运作机制。政府部门要通过对时尚产业的科学整体规划,出台针对时尚产业的扶持政策,设立专门的时尚产业发展机构。宁波市可由经信委牵头,会同贸易局、科技局等部门共同组建成立宁波时尚经济发展领导小组,根据宁波时尚企业的情况,重点帮助有条件的企业走出国门,例如,推进雅戈尔集团在国外获得开设直销许可,促进时尚企业国际化发展,并组织引导时尚行业协会的建设,规范时尚行业的发展,形成较强的政策要素效益,培育和壮大本土时尚产业发展。

2. 建设自主时尚品牌梯队,加强自主创新能力和国际时尚潮流话语权

企业应根据自身的条件和发展需求,制定出自己的出口品牌发展战略规划,保持品牌的持续创新能力。以打造时尚产业品牌为着力点,实现"传统产业品牌"、"先进制造业品牌"、"高新技术品牌"和"现代服务业品牌"的联动发展。宁波建设自主时尚品牌梯队,立足世界、国家、市级品牌三个层次,按层次、分梯队推进,相应制定实施品牌战略的目标,形成有特色、有竞争力的宁波著名品牌创新体系。其次,选择一些能够突破的领域,促进优势资源向名牌企业集中,重点扶持、培养和打造一批具有行业影响力和国际竞争力的龙头企业和时尚品牌,如雅戈尔、GXG、太平鸟、维科家纺和方太厨具等;将宁波纺织服装类企业作为试点,率先把服装品牌作为时尚品牌进行定位,精细划分产业链各环节,提炼有竞争力的时尚品牌,予以重点扶持,推进宁波服装行业的升级。

3. 与高校合作培养时尚人才,扎实时尚人才基础和加大智力支持力度

有基础的宁波高校(如宁波大学、浙江纺织服装职业技术学院等)开设时尚设计与时尚营销方面的专业,培养时尚研发、设计、时尚买手等相关人才,或与宁波时尚企业共同合作,定向培养宁波时尚企业发展所需的人才,如雅戈尔订单班模式、太平鸟电子商务基地模式。其次建议宁波组织国内外多类型的时尚产品设计比赛,邀请国内外设计师参与比赛,特别是国外新锐品牌设计师的参与,可为宁波时尚人才与国际时尚人才同台竞技切磋、交流取经提供良好的平台,也为宁波时尚企业与国内外时尚人才搭建沟通、了解和合作的平台,提升宁波时尚经济发展的人才基础。

4. 创新企业经营管理,提升时尚产业发展水平

重点吸引一批在海外从事时尚产业的优秀人才,同时充分利用在甬高校和科研院所的优势,引导教学与科研相结合,培养高层次的时尚消费品产业的设计、策划、制作和管理人才。通过设立时尚消费品产业研究中心等相关研究机构,为宁波时尚消费产业的发展提供理论和实践指导。同时,通过创新企业经营管理方式,提升时尚产业发展水平。

5. 强化时尚产业园区建设,推动产业聚集与大都市建设

继续加快宁波时尚产业园区建设,吸引一些大型、有实力的民营企业和国际投资企业入园,抓好一批具有自主知识产权、具备一定规模和发展潜力的知名品牌和企业。积极推进时尚消费产业集聚区建设,使时尚消费产业集聚区成为时尚消费产业企业和时尚消费产业人才的集聚地、时尚消费产业的发源地、时尚消费产业成果的展示窗口,逐渐完善时尚消费产业集聚区的公共服务平台。

6. 研究并提炼宁波时尚文化,形成宁波时尚文化特色和提升文化国际影响力

组织专门的文化研究机构,对宁波文化中与时尚相关的内容进行搜集、分析、研究、归纳和总结,挖掘宁波特色的文化内容,并根据研究结果,对时尚文化的内涵进行提炼与升华,比较其与世界时尚文化的共异性特征,最后形成既具有宁波特色又体现国际化的时尚文化。其次,广泛邀请时尚企业、时尚机构和时尚人士等共同组成时尚文化组织,培育一批有影响力的时尚文化协会、沙龙、论坛和俱乐部等,促进时尚交流和探讨,集聚时尚力量,为时尚文化的不断提升创造良好的时尚文化环境。

第四篇　宁波时尚经济发展现状与基础条件

时尚产业与都市化发展密不可分。宁波经济面临市场、环境、资源、成本四大压力,调整经济结构、转变增长方式已迫在眉睫,时尚产业可有效融合众多产业集群,将各类传统产业资源整合、升级、再组合后形成独特的产业链,为传统优质相关产业的转型升级注入源源不断的活力;时尚产业"高创意、高附加值、低污染、低消耗"的特点,也无疑与宁波未来产业发展的高端化、低碳化要求相得益彰,可有效激发宁波整个城市的创新活力。国际上有影响力的城市,如纽约、巴黎、伦敦、米兰、东京、香港和上海等,都以打造国际时尚之都为城市建设目标,大力发展时尚产业。

当前,宁波时尚产业的重要命题是如何在加快建设现代化国际港口城市,以及市民消费水平提升和消费需求多元化的大背景下定位自身的发展。特别是如何选取发展目标和推动重点,发挥政府、协会和企业的协同作用,推动宁波时尚经济的可持续提升。本篇结合宁波实际,指出目前宁波发展时尚经济的意义与必要性,提炼宁波发展时尚经济的已有基础与优势,为构建宁波时尚经济发展要素模型、完善宁波时尚经济发展政策提供现实基础。

一、宁波发展时尚经济的基础条件

时尚产业是与社会各阶层的精神追求和物质享受密切相关的一系列经营活动的总称。从表现形式上,时尚产业分为三个层次:核心层是对人体进行装饰和美化,包括服装服饰、箱包伞杖、美容美发和珠宝首饰等;扩展层是对个体在生活和工作中所处的小环境进行装饰和美化,包括家纺用品、家饰装潢和家居用具等;延伸层是对群体生存和发展中的相关事物和情境进行装饰和美化,包括城市规划、工业设计、娱乐传媒和文化展演等。时尚产业与都市化发展密不可分。上海自定位"第六大时尚之都",大力发展时尚产业以来,产业效果显著,2011年上海时尚产业实现了总产出1510亿元,对于上海经济增长的贡献率达到了2.76%。

从巴黎、伦敦等城市塑造"世界时尚之都"的过程看,虽然发展背景和历程各不相同,但在地理基础、经济基础、产业基础、人文基础以及政策基础等方面较为相似,且无一薄弱环节。

随着社会消费结构由生存型向发展型升级,宁波民众对时尚元素充满憧憬,时尚产品蕴含着巨大的消费潜力,时尚产业正处于黄金发展期。从服装、家纺和文具等时尚经济重要前端产业在宁波的发展现状看,时尚产业具备成为城市"新增长极"的良好基础条件和先发优势,并且非常有希望推动宁波成为中国的"时尚之都"。宁波要把握机遇,实施市场导向和政府推动相结合的时尚产业快速提升策略。

因此,时尚之都的建设是未来提升宁波城市综合实力的重要力量,有助于打造宁波发达的时尚产业体系,提升宁波经济的自主创新能力,促进宁波经济增长方式的转变,从而推动宁波经济的转型升级。

二、宁波时尚经济发展现状与优势

(一)宁波经济发展概况

2014年,面对复杂多变的外部环境和艰巨繁重的改革发展任务,宁波市全面实施经济社会转型发展三年行动计划,着力稳增长、促改革、调结构、防风险、惠民生,经济运行呈现"低开、稳走、缓升"的发展态势,产业发展稳中趋好,创新转型取得进展,质量效益逐步提升,民生福祉持续改善,宁波经济社会进入新常态,总体发展平稳健康。

2014年全市实现地区生产总值7602.51亿元,按可比价格计算,比上年增长7.6%。其中,第一产业实现产值275.18亿元,增长1.9%;第二产业实现产值3935.57亿元,增长7.9%;第三产业实现产值3391.76亿元,增长7.6%。三类产业之比为3.6∶51.8∶44.6。按常住人口计算,全市人均地区生产总值为 98972 元(按年平均汇率折合为 16112 美元)(图 4-1)。

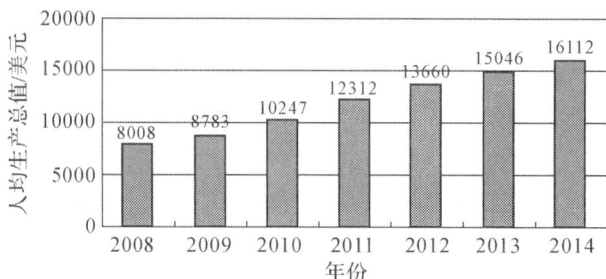

图 4-1　2008—2014 年宁波人均生产总值(按常住人口计)

2014 年宁波市区居民消费价格上涨 1.9%,涨幅比全国、全省城市平均水平分别低 0.2 和 0.1 个百分点。在全国 36 个大中城市中列第 27 位,在全省 11 个城市中列第 9 位。

2014 年全市商品销售总额 1.44 万亿元,比上年增长 18.1%。全年完成社会消费品零售总额 2992.0 亿元,增长 13.5%。城镇消费品市场实现零售额 2469.0 亿元,增长 13.1%;农村消费品市场实现零售额 523.0 亿元,增长 15.7%。在限额以上企业销售的商品类值中,汽车类增长 7.6%,石油及制品类增长 14.9%,食品、饮料、烟酒类增长 8.1%,服装、鞋帽、针纺织品类增长 22.5%。年末全市限额以上贸易企业达 2884 家,全年实现营业收入 9530.7 亿元,实现利润总额 108.5 亿元。

2014 年宁波市全体居民人均可支配收入 38074 元,比上年增长 9.9%。其中,城镇居民人均可支配收入 44155 元,增长 9.2%;农村居民人均可支配收入 24283 元,增长 11.0%。从收入构成看,城镇居民人均工资性收入 27023 元,增长 9.9%;农村居民人均工资性收入 15777 元,增长 8.7%。按一体化城乡住户调查新口径统计,城乡居民收入差距由 2013 年的 1.85∶1 缩小为 2014 年的 1.82∶1。2014 年宁波市全体居民人均生活消费支出 24324 元,增长 11.9%,其中,城镇居民人均生活消费支出 27893 元,增长 11.5%,农村居民人均生活消费支出 16228 元,增长 12.4%。

随着社会消费结构由生存型向发展型升级,宁波民众对时尚元素充满憧憬,同时,时尚产品蕴含着巨大的消费潜力,可以作为新一轮城市发展的增长极。宁波要抓住机遇,大力发展时尚经济。

(二)宁波发展时尚经济的优势

宁波时尚经济的重要命题是如何在加快建设现代化国际港口城市,以及市民消费水平提升和消费需求多元化的大背景下定位自身的发展。近几年来,从服装、家纺和文具等时尚经济重要前端产业在宁波的发展现状看,时尚产业具备成为城市"新增长极"的良好基础条件和先发优势,可以说宁波具备了时尚经济发展的基本要素。

1. 地理经济基础

宁波地处浙东、长江三角洲南翼,是浙江省的一个副省级城市、计划单列市和有制定地方性法规权利的较大的市,是中华人民共和国文化部批准的全国历史文化名城,是浙江的三大经济中心之一。

宁波是浙东交通枢纽,陆、海、空、水立体交通发展迅速,尤以"东方大港"之称的北仑港称誉国内外。宁波栎社机场与全国主要城市之间架设有空中桥梁。铁路、公路、水运以及市内交通四通八达。

(1)港口生产

宁波历史悠久,是具有 7000 多年文明史的"河姆渡文化"的发祥地。唐代,宁波成为"海上丝绸之路"的起点之一,与扬州、广州被并称为中国三大对外贸易港口。宋时又与广州、泉州同时被列为对外贸易三大港口重镇。鸦片战争后被辟为"五大通商口岸"之一。如今的宁波是浙江省经济最发达的城市和全国 14 个中央计划单列市(副省级)之一,人均收入居全国第四位,消费水平居全国第二位。宁波港是上海国际航运枢纽港的重要组成部分,与世界 79 个国家和地区 400 多个港口开通了航线,具有"港通天下"的地理优势。2014 年宁波港口货物吞吐量 5.26 亿吨,比上年增长 6.2%。完成外贸货物吞吐量 2.97 亿吨,增长 7.6%。全年宁波港集装箱吞吐量 1870.0 万标箱,增长 11.5%,吞吐量超过釜山港,排名跃至世界第 5 位,全国第 3 位。调整优化航线数量和航班密度,积极开发东盟、南亚、西亚等经济板块的"21 世纪海上丝绸之路"新航线,全年新开航线 11 条,现共拥有航线 228 条,其中远洋干线 113 条,近洋支线 62 条,内支线 21 条,内贸线 32 条。海铁联运业务进展快速,全年共完成海铁联运 13.5 万标箱,增长 28.4%,增幅列全国 6 个示范通道首位。

(2)交通基础设施

2014 年全市完成交通基础设施投资 183 亿元。年末全市公路总里程 11045.4 公里,公路网密度 112.5 公里/百平方公里,达到中等发达国家水平。年末等级公路 10506.9 公里,其中高速公路 495.8 公里,一级公路 1125.9 公里,二级公路 777.2 公里,三级公路 1575.8 公里,四级公路 6532.2

公里。年内建成 3 个万吨级码头,万吨级码头总数达 102 个。铁路宁波北站搬迁及其配套工程完工,洪塘至宝幢段货运铁路正式开通运营,宁波铁路"南客北货、客货分流"的环形枢纽最终形成。机场三期工程加快推进,完成投资 21.4 亿元。

(3)公共交通体系

公交运能稳步增长,2014 年内新辟公交线路 20 条,优化调整 48 条;年末公交标准运营车辆数 7445.8 标台,运营线路 698 条,新增公交专用道 40 公里以上,全年共完成公交客运总量 6.9 亿人次,比上年增长 7.5%。5 月 30 日轨道交通 1 号线一期工程开通试运营,日均开行 243 列次,电客车累计运营里程 112.04 万列公里,全线总计进站客流为 1387.51 万人次,列车兑现率 100%、准点率 99.94%;2 号线一期工程全线基本实现"轨通",1 号线二期工程年底车站主体结构全部完成,3 号线一期工程开工建设。2014 年末全市共有出租车 6370 辆,完成客运量 2.08 亿人次。2014 年内新增公共自行车网点 200 个,新投放公共自行车 6000 辆,至 2014 年末,全市共建成公共自行车网点 992 个,投放公共自行车 21035 辆,办理租赁 IC 卡 32 万余张,累计租车量达 2899.7 万辆次。

同时,宁波经济运行稳中有升,面对国内外复杂严峻的环境,2014 年上半年,宁波全市实现地区生产总值 3485.1 亿元,增长 6.7%。城镇居民人均可支配收入 24235 元,农村居民人均可支配收入 13515 元,分别增长 9.9% 和 11.1%。因此可以说经济基础雄厚。

2. 产业发展基础

产业基础方面,宁波已经形成了"2+3"("2"指服装、家纺产业;"3"指家电、家具、文具产业)的时尚制造优势产业,形成了雅戈尔、Intrex、太平鸟、GXG、罗蒙和维科等一批本土时尚品牌。

(1)以纺织服装为主导的时尚产业基础雄厚

纺织服装产业一直是宁波的传统优势产业和支柱产业,在时尚产业发展过程中亦是领先产业。目前,宁波纺织服装产业产品特色明显,集群效应显著,拥有雅戈尔、杉杉、太平鸟、博洋、维科、GXG、马威和雪狼等二十多个国内有一定影响力的品牌,已成为我国最大的纺织服装生产基地之一。企业经营业态已趋创新,已形成一批设计研发、品牌创意、商业运营、品牌经营和文化经营的复合型时尚产业运营企业,纺织服装产业已经转入时尚产业拓展和国际化经营轨道。

1) 行业整体运行平稳,规模以上企业温和增长

2013 年,我国纺织服装出口整体实现平稳较快增长。海关总署数据显示,2013 年全国纺织服装出口 2839.9 亿美元,比 2012 年增长 11.4%,其中纺织品出口 1069.4 亿美元,增长 11.7%;服装出口 1770.5 亿美元,增长 11.3%。2013 年国内很多服装企业由前几年的高速增长期进入温和增长期,特别是大型服装企业业绩基本无增长,就算增长也是 5% 以内。2013 年,宁波纺织服装行业主要经济运行指标多数增速较上年有所提升,总体上表现为规模以上企业进入温和增长期。

2) 行业收入小幅增长,盈利能力小幅回升

2013 年宁波纺织服装产业全年营业收入总计 1118.22 亿元,同比上升 1.47%;营业成本总计 968.84 亿元,同比上升 1.23%;销售费用总计 32.36 亿元,同比上升 4.27%;管理费用总计 52.90 亿元,同比上升 7.40%。宁波纺织服装产业的收入小幅增长,销售费用和管理费用上涨的幅度大于收入增长的幅度,表明企业依然面临经营管理销售的压力。

从盈利能力来看,2013 年纺织服装产业盈利能力整体上升,细分行业看,子行业盈亏共现。纺织业在上年盈利的基础上有较大上涨,化学纤维制造业在上年亏损的基础上继续亏损,但亏损幅度减少,而服装业各项盈利能力指标均同比下降,但其净资产利润率依然最高。

从利润方面分析,2013 年宁波纺织服装产业的利润总额、利税总额在 2012 年大幅下滑 25.19% 和 17.47% 的情况下出现增长,分别同比增长 5.59% 和 6.54%。

3) 市场结构调整继续,外销转内销成效依然

2013 年纺织服装外贸企业调整市场结构、转型国内市场的动作持续。整个行业内销数据增长,外销数据下降显现着宁波纺织服装企业结构调整成效依然。2013 年宁波市规模以上企业共实现销售产值 1082.10 亿元,其中实现内销产值 684.80 亿元,内销产值占销售总产值 63.28%,比 2012 年 63.03% 略有增加。出口交货值 397.30 亿元,同比下降 0.47%。

4) 科技研发投入加大,自主设计渐显优势

2013 年,宁波市规模以上纺织企业用于科技活动经费支出 99788 万元,同比增加 5.85%,新产品产值同比上升 5.70%;而购置技术成果费用 639 万元,同比下降 41.13%。

随着宁波服装重新重视内销市场,重视品牌运营,一大批男装、女装和童装品牌崛起,宁波服装正在构建起新的优势。宁波的男装原创品牌有

GY、GXG、魔法风尚、帕加尼、唐狮、博洋和 INTREX 等,女装原创品牌有太平鸟时尚女装、SV、ESBACK、德玛纳、乐町和 ONE MORE 等,童装品牌有爱法贝、杉杉童装、小虎帕蒂、MQD、芭比乐乐和春芽子等。这些品牌拥有了从设计、生产到线上线下销售的完整产业链,在前端的服装设计和后期的市场销售、形象策划、品牌经营等方面都拥有了人才团队和合作资源。宁波服装产业正逐步确立起自主设计优势。

5)时尚发布活动增加,时尚活跃度上升

由于世界金融危机对经济实体的强烈冲击、海外大牌时尚企业转战内地市场等因素的影响,时尚行业的国内竞争环境愈加激烈。为了在竞争中立足,国内时尚企业纷纷开始转型升级,从传统产业向时尚创意产业转型,从传统管理模式向信息化管理模式递进,中国时尚行业正迎来前所未有的发展机遇和挑战。

服装的最大特点是引领潮流,它需要展示。在展示过程中表现色彩趋势,展示款式趋势,展示潮流方向。近年来宁波市通过鼓励创意设计产业发展,鼓励品牌建设和拓展国内市场,建设和丰创意广场、三厂创意街区等多种办法,把宁波打造成国内时尚发布中心城市之一。打造"时尚发布中心城市"已成为宁波众多服装企业的共识。

2013 年第十七届宁波国际服装服饰博览会、中国新锐设计师走进宁波、2014/2015 秋冬流行面料趋势展示、2013 中国服装论坛、中国服装大赏、"海阔宁波"——中国服装年度品牌巡演、中英大学生协同创新原创设计发布会、时尚品牌流行趋势发布以及杉杉童装杯首届宁波童模大赛总决赛等主要的 40 多项活动,彰显了宁波服装引领时尚潮流的实力。时尚发布活动的增加,对于提升宁波品牌服装的影响力和整个宁波服装的时尚活跃度来说,都是很有促进意义的。宁波成为国内时尚发布中心城市之一渐行渐近。

6)电商由"打折平台"变为重要的"销售渠道"

服装电子商务在打造产品的知名度、提高消费者对产品的认知度以及建设品牌的口碑等方面有着得天独厚的优势,尤其是在营销形式愈加多元化的今天,消费者对网络营销平台、网络广告的接受度也大大提高,网络营销正作为一种新的生活方式逐渐得到越来越多的关注。近年来宁波市大力加强对服装电子商务的投入,利用电子商务平台强大的市场导向能力和营销能力,推动企业转型升级。服装电子商务这一全新模式大大提高了宁波服装企业的营销能力,为企业带来了实实在在的利润。2011 年以来,宁波市大力加强对服装行业电子商务的投入,拨出 1240 万元专款扶持。宁波还荣获了 2011 年度"中国服装电子商务最佳示范城市"称号。以博洋、太平鸟、GXG、雅戈尔、杉杉和罗蒙等品牌为代表的宁波服装纷纷"触网"。

2013 年的"双十一",博洋集团的服装服饰、家纺品牌创下一天销售 1.2 亿元的纪录,宁波男装品牌 GXG 销售额达 8773 万元,这些都给宁波服装企业极大的启发。从 2007 年抢做电商的"快时尚"企业开始,到 2013 年电商已成了宁波服装界的"流行词",各种类型的服装企业利用网络来获取市场、技术等经济信息。在兴办实体店销售的同时,发展电子商务进行网上销售成为宁波服装不可阻挡的时代潮流。

2014 年 2 月 27 日,"宁波电子商务城"的开城,标志着立足宁波市纺织服装行业创新项目、借助互联网和信息技术建设"宁波市纺织服装创新云平台"、打造"全球领先的纺织服装产业互联网创新中心"的局面正式形成,开创了纺织服装电商新局面。

(2)以小家电、家具和文具为主导的时尚家居产业蓬勃发展

当前我们正处于城市新经济时代,时尚家居生产企业越来越注重将价值从有形资产转移到无形资产上,更加重视对品牌的管理。同时,消费者对产品的价值诉求,从单一的产品转移到不仅需要产品的使用价值同时更注重高度个性化的体验式需求。这也就意味着,家居产业要以经济为载体,以市场为手段,更加明确、更加现实地围绕人和人的审美价值追求展开,更加直接、更加具体地满足人们对于生活美的需求,转型升级为时尚家居产业。

中国轻工业联合会会长陈士能曾指出宁波是家居产业的一片沃土,并对宁波家居产业状况作了高度概括。家居产业是最具历史、文化和科技内涵的国际新兴产业,包括上游房地产、中游建材和下游的家庭用品,它占据了轻工行业的半壁江山。虽然宁波的会展业起步较晚,但政府对其扶持力度却不小。宁波在全国计划单列市中经济指标名列前茅,制造业的综合实力以及在国内的影响力迅速提升,工业体系完整协调,同时又有雄厚的产业基础,而机制灵活的民营经济使宁波形成了小家电、灯具灯饰、厨卫设备和装饰材料等块状产业区。

3. 时尚文化基础

时尚文化是一个时期内大众社会中许多人都在实践和追随的一种新的物质生活方式和精神生活方式。时尚文化作为一种新的文化形态,是青年所追求和模仿的文化对象,是大众文化在消费社会中为经济动机所推动的最前沿的形态,也是社会心理趋向的风向标,是地区政治、经济和文化实力

的重要标识。

宁波是"红帮裁缝"的诞生地。百年的服装制作经验和行业精神,给宁波红帮人留下了宝贵的文化财富。改革开放以来,宁波的服装、纺织业迅速崛起,尤其是服装企业和服装品牌,无论在国内还是在国际上都具有了较强的竞争力,并已形成以西服、衬衫生产为龙头,集针织服装、女装、童装和皮革服装之大成的庞大产业集群。当代宁波红帮人在市场经济的大潮中经过多年的摸爬滚打,已经演绎了一个近乎神话的"当代红帮"传奇。

红帮文化已不再仅仅是红帮人的文化,而成为宁波人的宝贵精神财富,这种精神在不断地延伸,已成为中国民间服装艺术的一种象征,它是"真正的东方艺术",而且还在不断地升华。

红帮作为一个服装流派,是一种产业型集团,她长期以师徒传授关系推进了民族服装事业的发展,如今她又以新的传承形式扩大生存空间,代代相传延绵永恒。红帮以她精湛的传统技艺,立足生存求得发展,以敢于争先的创新精神创造明天的领先。红帮以她丰富的民族内涵和浓浓情商,情系天下,服务大众,回报社会,为人类文明发展不断做着贡献。

宁波在传统红帮文化等基础上,形成了和丰创意广场、天一广场及和义大道等一系列时尚载体平台,有越来越多的宁波人认识时尚和追求时尚。

(1)时尚文化促进了宁波产业转型升级

建设了包括江北(慈城)天工之城、财富创意港、"134创意谷"和"1842外滩"创意产业基地为代表的时尚文化艺术产业群及鄞州动漫创意馆等。这些时尚文化艺术产业群,主题鲜明,在多年的运营过程中,从服务产业转向创意产业,从厂房出租扩展到园区经营,从物业管理转向品牌管理,迅速成了以时尚文化为特色的旅游景区,将成为宁波时尚文化地标,拓宽时尚文化的展示领域,实现时尚产业展览和时尚文化展示的完美结合。

(2)时尚文化引领了宁波传统媒体的发展

宁波的传统媒体包括《新侨报》、《城市之间》、《天尚》、《上品生活》、《NEW宁波》等时尚新闻出版物,以及《爱时尚》等时尚影视作业。这些传统媒体正以简洁、时尚、互动和体验为设计理念,以"新技术＋新产品＋新形态＋新体验"为特点,运用高科技加快转变经济发展方式的最新实践成果,将集中展示新媒体的魅力。

(3)时尚文化美化了宁波城市发展空间

时尚文化提升了城市建筑的时尚水平及时尚文化浓厚的城市空间。目前宁波文化广场集创新性、科技性、时尚性、参与性和娱乐性为一体,是宁波市政府"十一五"规划的重点建设项目之一,已建设成为时尚文化展示、交流、活动、培训的大舞台、大课堂、大展厅。在时尚文化的引领下,宁波精心规划、建设城市的休闲空间,艺术化地设计城市雕塑、城市色彩、城市道路,城市已日益成为时尚生活的好客厅。特别是已建成的宁波地铁站、火车南站,很好地体现当今时尚文化的潮流和元素。

宁波要努力构建时尚文化的新生态,使时尚文化成为经济转型升级、社会管理创新和文化发展的引领力量。通过时尚文化的建设,为宁波产业的转型提升注入新动力,为宁波城市文化的提升注入新活力,为宁波城市的现代化注入新的生命力,真正实现"十二五"规划所提出的发展目标。

4．配套产业基础

宁波具备发展时尚产业的资源优势、产业集聚优势、较成熟的市场优势,强大的媒体传播平台,周边产业支撑(面料、加工等)和相关时尚产业配套(如现代物流、会展和传媒产业等),以及相关专业服务人才集聚等。

(1)展示和销售时尚产品的传统批发零售业。包括百货商场、大卖场、连锁超市(便利店)和专业店等。代表性企业有银泰、新华联商厦、二百、国美、苏宁、家乐福、欧尚、星动力以及各大制造企业设置的实体专卖店等。这些传统批发零售业正齐刷刷地进军电子商务,专注于时尚精品百货的在线购物商城,大型 B2C 电子商务平台,依托于原有的优质供应商、客户资源以及品牌优势,与实体店紧密互动,互为补充。

(2)展示和销售时尚产品的新型批发零售业。主要指自建或借助第三方电商平台的电子商务型批发零售业,传统批发零售业与电子商务互动发展的线上服务升级和业态创新,以及突出文化、休闲和商业相结合的"第五代"大型商业综合体等。代表性企业有:太平鸟魔法风尚等自建电商平台的电商型批发零售企业;阿里巴巴、淘宝、京东、苏宁云商等第三方电商平台开设网上"宁波特色商品馆"、"宁波电子商务专区"等的电商型批发零售企业;新华联商厦的"逛街吧"手机应用软件,银泰、苏宁、二百等的"微信平台";万达、印象城等为代表的生活体验与文化休闲式商业综合体。这些新型批发零售业借助新媒体与传统媒体相融合组成时尚话语权者的联合阵营,以数字为核心,以融合为原则,并求同存异共同发展,他们通过更快更广更丰富的多媒体传播方式,将担任引领时尚的社会角色。

(3)提供时尚信息、展示时尚产品的新闻和出版业,以及广播、电视、电影和影视录音制作业。

（4）为时尚产品提供会议及展览服务、包装服务、知识产权服务的商务服务业。包括初步形成以东部新城国展中心为会展核心区，以余姚、慈溪和宁海专业会展场馆为辅助区，以其他县（市）区的会议与节庆功能区域为拓展区的立体式会展体系，搭建消博会、车博会、中国国际家居博览会、宁波国际时尚生活博览会等会议及展览服务平台；以八方集团、宁申工贸、中华纸业、亚洲纸管及东升包装等为代表的包装服务企业；以中国（宁波）知识产权维权援助中心为核心的知识产权服务平台等。这些商务服务业是一个新兴产业，不仅在引导生产、促成消费等方面效果显著，而且它本身也直接为商业活动中的各种交易活动提供服务，直接促进商品流通与服务交换，并且有着很大的"乘数效应"，将有力地推动时尚产业的发展。随着现代服务业和电子商务的全面推进，宁波会展业、传媒业均实现了跨越式发展，多次被荣膺"中国十大最佳会展城市"称号。可见，宁波已构建了良好的信息、贸易与交流平台，为宁波时尚产业发展提供了配套支撑。

（5）为制造和销售时尚产品提供规划、设计和咨询等服务的专业技术服务业。包括宁波软件园、宁波大学科技园区高新区为载体的设计咨询等信息服务企业；宁波开发区和鄞州、江东、江北等中心城区为时尚产品提供技术解决方案的服务外包、规划企业等。这些专业技术服务业在宁波发展速度一直比较缓慢，且服务企业众多，竞争比较激烈，没有形成具备绝对优势的龙头企业。

（6）与时尚相关的居民服务、修理和其他服务业。包括美容美发美甲、汽车美容、典当、拍卖和租赁等居民生活服务类具有时尚特色的服务企业。这些具有时尚特色的生活服务业需要围绕满足城乡居民多层次多样化需求，完善服务标准，提高服务质量。

5. 政策支持要素

在政策基础方面，宁波较早认识到时尚经济的发展趋势和必然性，准备建立健全宁波市时尚产业发展的推进机制和保障机制，准备建设有利于促进时尚产业发展的政策环境，准备整合时尚产业链的资源，建立政策性的诚信合作保障机制。各县市区也结合发展实际，合理规划时尚产业发展与布局，确定时尚产业的发展方向、重点领域和产业布局，加大了时尚产业在财政、税收、土地、人才和金融等多方位的政策扶持，加强了时尚产业知识产权保护，正在完善时尚产业统计体系。设立了时尚产业和时尚经济研究机构，2013年11月，宁波时尚经济研究所网站经过宁波市政府发展研究中心、浙江纺织服装职业技术学院和宁波时尚企业等多方努力已成功上线。宁波时尚经济研究所网站以时尚信息、时尚研究和时尚服务为三大主板块,发布时尚最前沿的信息,结合宁波时尚经济研究所的研究成果,为宁波企业提供最新的时尚服务。宁波时尚经济研究所作为宁波时尚领域的专业研究机构,以"服务和推动宁波时尚经济发展"为宗旨,通过以课题为纽带的科研支持和时尚经济发展的实践案例研究,开展时尚产业经济、时尚品牌管理、奢侈品研究、时尚产品国际贸易、时尚供应链、时尚创意与设计、时尚文化以及时尚生活消费等时尚经济领域的研究活动,助力宁波时尚产业发展。宁波时尚经济研究所网站自上线运行以来,网站以时尚的版面设计、潮流的信息和丰富的研究成果受到好评。今后,宁波时尚经济研究所将以网站为窗口,对外展示更多的时尚研究最新成果,为宁波发展时尚经济、打造时尚之都提供智力支持。但是宁波尚缺乏引领性的发展规划,目前宁波市时尚产业发展规划纲要(2014—2020)正在制定中,宁波市时尚产业发展也缺乏强有力的政策推动。

第五篇 时尚经济形成要素与城市时尚 经济指数评价体系建构

国际上有五大国际时尚之都美誉的纽约、巴黎、伦敦、米兰和东京,无疑是国际时尚之都建设的最好标杆,中国时尚产业发展领头羊的北、上、广、深等城市时尚产业发展的轨迹及经验也值得借鉴。本篇在本书前面几个章节对国际时尚之都及国内时尚产业发展走在前列城市的形成、发展、建设经验研究分析的基础上,①构建了城市时尚经济指数评价体系;②采用层次分析法(AHP)建立的评价城市时尚经济的评价层次结构模型,计算出城市时尚评价指标综合权重,并在此基础上提出了城市时尚经济水平评测模型;③应用此模型及宁波市时尚经济发展状况的调查结果,对当前宁波时尚指数水平进行评测,对评测结果进行了分析。

一、时尚城市评价要素的选择

(一)国内外研究综述

法国哲学家、社会学家吉勒斯·利浦斯基指出,在西方中世纪晚期,随着个体主义美学和诱惑美学的出现,产生了崇尚新奇和变化的时尚。在时尚理论研究方面,1908 年 E. A. 罗斯在《社会心理学》中首次对时尚进行了研究。Priest Λ(2005)、赵磊(2006)、高骞(2009)分别定义了时尚产业和时尚产业的范围,首个《中国时尚产业发展蓝皮书 2008》从行业层次的角度对时尚进行了定义,目前这个定义被国内学术界普遍认同。在时尚之都经验借鉴与发展建设研究方面,曹冬岩(2010)指出了安特卫普模式对我国城市打造时尚之都的启示;颜莉、高长春(2012a,2012b)根据模块化理论,提取了五大时尚之都时尚产业形成与发展的要素。齐晓斋(2011)(转引自王智颖,2012)提出,通过创新驱动、转型发展,加快建设上海成为有全球重要影响力的国际购物天堂和时尚之都。从目前的研究成果来看,各城市在打造时尚之都的过程中均未能从时尚之都的特征要素角度进行分析,导致提出的建设对策缺乏针对性。

粗糙集理论(Rough Sets Theory,RST)最初由波兰学者 Z. Pawlak 于1982 年提出,是用于处理含糊性和不确定性的一种数学工具,能有效地分析不精确、不一致、不完整等各种不完备的信息,可对定性和模糊数据进行分析和推理,从中发现隐含的知识,揭示潜在的规律,是进行不确定信息形式推理的有效工具。

目前对国际时尚之都的经验比较研究过程中,案例分析多以文字信息、描述介绍为主,因此,难以用传统的统计分析、数据分析的研究方法,导致现有对时尚之都国际经验的研究多采用定性研究方式。粗糙集理论是处理描述性和定性信息的有效工具。应用粗糙集理论比较研究国际时尚之都的特征要素,将弥补现有时尚之都国际经验比较定量研究的空白,更好地揭示国际时尚之都形成的潜在规律。

(二)基于扎根理论的时尚之都特征要素分析

根据巴黎、伦敦、米兰、纽约和东京五大时尚之都的时尚产业发展特点,运用扎根理论比较五大时尚之都的时尚相关要素成分,提炼与分析时尚之都的特征要素,主要程序如下:

(1)从公认时尚之都的资料中产生"时尚之都"的概念,对五大时尚之都的资料进行逐级登录。

"时尚之都"是指在时尚领域具有相当影响力,策源时尚流行、引领时尚潮流、荟萃时尚品牌、集聚时尚企业、推动时尚传播的城市。

(2)不断地对资料和概念进行比较,系统地总结影响概念的共同属性特征。

"时尚之都"概念的形成有区域背景要素、时尚品牌要素、时尚产业基础要素、配套产业体系要素、时尚人才要素、时尚文化要素、时尚政策要素和时尚法律保障要素八大要素属性。

(3)以概念为核心,分析属性特征,建立属性和属性之间的联系,分析属性对概念的不同作用。

从原始资料多个案例分析:区域背景要素和时尚人才要素对"时尚之都"的形成起到促进作用,时尚品牌要素和时尚文化要素对"时尚之都"的形成起到支撑作用,时尚产业基础要素和配套产业体系要素对"时尚之都"的形成起到基础作用,时尚政策要素和时尚法律保障要素对"时尚之都"的形成起到保障作用。

(4)构建概念、要素、作用合成图,力求获得理论概念的密度、变异度和高度的整合性,逐级编码。架构涵盖时尚之都范畴、以八大特征要素为属性、37个特征子要素为细码的特征要素图(如图 5-1 所示),形成三级编码:时尚之都(一级编码)、八大特征要素(二级编码)、37 个细化特征子要素(三级编码)。

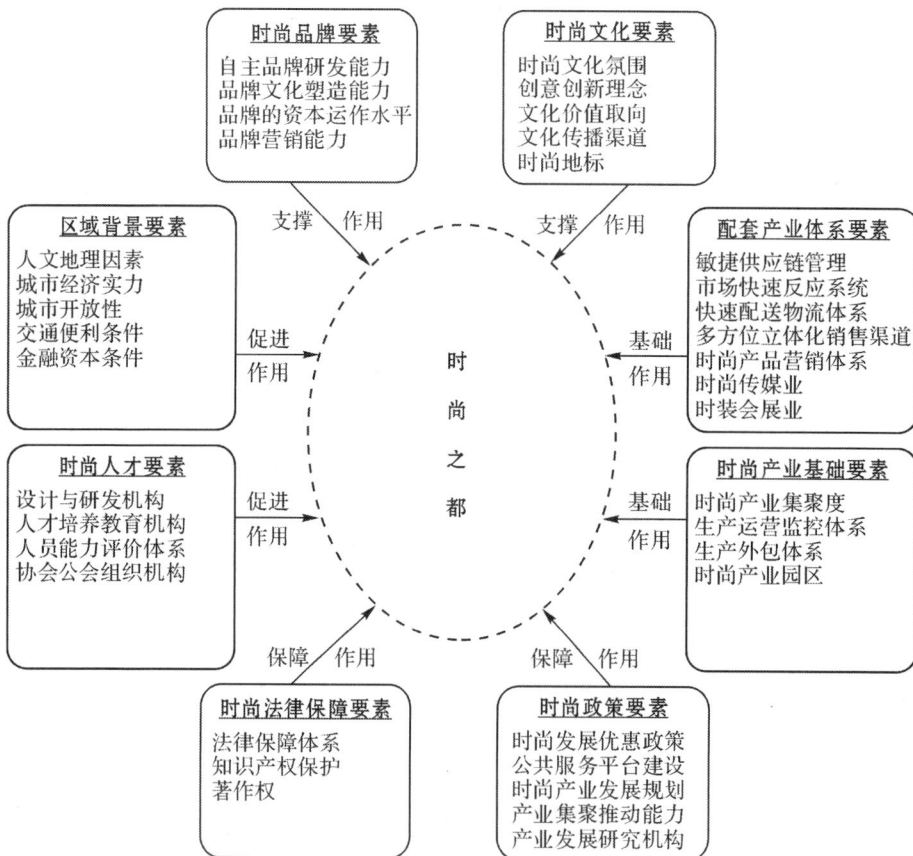

图 5-1 时尚之都特征要素

二、构建城市时尚经济指数评价体系

"时尚城市"理念,从一诞生就受到了学术界和政策制定者的关注。时尚已不再是城市发展的"润滑剂",而是从幕后走到台前,开始作为促进城市经济发展的独立变量,在城市经济发展中起到越来越重要的作用。但就目前而言,"时尚城市"仍然是一个现在进行时概念,践行其理念的实践在世界的许多城市已经展开,中国的城市也不例外。在我国,提出在未来几年内将建设国际时尚之都、时尚城市作为发展重点的城市就不少于 20 个。而到底何谓"时尚城市",怎样对时尚城市进行评价,目前国内外仍没有形成统一认识。世界各国不同的资源禀赋也使其概念很难统一,因此找到适合我国创意城市发展的评价指标体系就显得尤为重要。

(一)评价指数体系的构建原则

为了客观、全面、科学地衡量城市时尚水平,在研究和确定评价指标体系和设定具体指标时,遵循如下基本原则:一是指标具有可采集性,历史和当前数据采集是可靠、方便和科学的;二是全面性和重点突出性相统一,既可较全面地反映某个方面的总体发展水平,又能突出重点;三是具有可比性,不同城市间、城市不同历史阶段可根据指标进行科学比较;四是指标具有可扩展性,可根据实际发展情况对指标体系内容进行增减和修改。

(二)城市时尚评价指标体系建立

根据上述构建原则,结合前述巴黎、伦敦、米兰、纽约和东京五大时尚之都的时尚产业发展特点,运用扎根理论比较五大时尚之都的时尚相关要素成分,结合我国城市的具体情况,提炼与分析得到时尚之都的特征要素,并邀请国内外时尚业学者专家对上述特征要素进行深入的研讨、调整,剔除无效指标,增加有影响的新指标,提出以下城市时尚发展水平的评价指标体系(见表 5-1)。该评价体系在总体层或目标层下分为准则层和变量(方案)层两个层次。其中第一层包括区域背景、时尚人才、时尚品牌、时尚文化、时尚法律保障、时尚政策、时尚配套产业体系和时尚产业基础等八大指标,第二层为影响上述八大指标的 34 个变量(方案)。以下为准则层八大指标的具体含义。

表 5-1　时尚之都评价指标体系

总体层	准则层	变量(方案)层
城市时尚指数	区域背景要素	城市经济生产总量
		城市年均货运吞吐量
		城市历史时间
		城市地理纬度
		城市地位
		城市证交所年交易总量
	时尚人才要素	时尚行业人才数
		当地时尚教育机构数
		时尚专业年毕业生人数
		时尚创意科研机构数
	时尚品牌要素	时尚品牌数量
		时尚品牌销售总额
		世界 100 强的时尚品牌数
		品牌营销投入总额
	时尚文化要素	时尚地标年观光总人数
		时尚文化年活动数
		时尚文化协会数
	时尚法律保障要素	时尚法律从业人数
		时尚法律颁发数量
		时尚相关年违法案件数
	时尚政策要素	时尚专项政策出台数
		时尚产业财政投入
		时尚相关产业规划数
		公共平台信息化程度
	时尚配套产业体系要素	时尚产品平均上架周期
		时尚产品年销售额
		时尚相关会展活动数量
		时尚相关会展成交额
		国际时尚期刊数
		时尚供应链信息化程度
	时尚产业基础要素	时尚制造的企业数量
		时尚产业集聚园区数量
		时尚产品进出口额
		时尚产业年总产值

（1）区域背景。四季分明的气候和超高的国际地位的人文地理条件是世界时尚之都的一个先决条件，即必须具备四季分明的气候，如此才能拥有

春夏秋冬格调鲜明的时装,装扮多彩的时尚生活。此外,完善的城市基础设施、经济高水平发展和较强的对外开放度是建设时尚之都的基础。

（2）时尚人才。时尚创意、设计和研发人才是时尚产业发展的人才基础,国际时尚之都对时尚设计创意人才的培养也十分重视,高水平的时尚产业人才培养机构将极大地促进时尚产业的发展。

（3）时尚品牌。国际时尚品牌是国际时尚之都的核心竞争力,品牌的影响力决定着时尚潮流的话语权。

（4）时尚文化。成熟的时尚消费群体、优良的都市时尚生活和着装传统、独到的时尚风格是国际时尚之都的文化内涵基础,而这些往往与一个城市的旅游人数、各类时尚文化活动和时尚文化协会的数量有密切的联系。

（5）时尚法律保障。完备的法律保障体系是促进任何产业健康持续发展的制度保障,综观世界五大时尚之都的发展轨迹,它们均具备完善的时尚产业法律保障体系。英国的《著作权、产品设计和专利法》、法国的《知识产权法典》、意大利的《版权法》、美国的《专利法》、日本的《知识产权基本法》都为五大时尚之都时尚产业的发展提供了法律保障。

（6）时尚政策。国际时尚之都的形成离不开政府的大力支持和有效管理,国际时尚之都均将时尚产业定位为城市经济发展的重点产业,都有诸如时尚专项政策、前瞻性的时尚产业规划以及稳定并增长的财政投入等推动时尚产业发展。

（7）时尚配套产业体系。是否拥有发达的时尚消费平台、高度发达的时尚会展传媒业等配套产业,也是衡量时尚之都的重要组成部分。

（8）时尚产业基础。雄厚的时尚产业力量、时尚产业相关的技术整合和设备开发能力、控制并拥有完整的产业链、快速的市场反应系统和物流配送体系、多方位立体化的销售渠道及时尚产品营销体系等是世界时尚之都形成和发展的基本条件。

三、层次分析(AHP)综合评估方法

要确定一个城市的时尚水平,首先要确定表 5-1 中各指标的权重。为了避免人为确定权重的主观性,本研究利用层次分析法(AHP)确定指标的权数分配,进而得到城市时尚指数综合评估模型。

层次分析法(The Analytic Hierarchy Process,AHP)是美国著名运筹学

家、匹兹堡大学教授 T.L. Saaty 于 20 世纪 70 年代中期提出的一种系统分析方法,是一种实用的多准则决策方法。该法能够定量与定性相结合,将人的主观判断用数量形式表达和处理,从本质上讲是一种思维方式,并具有高度的逻辑性、系统性、简洁性和实用性等优点。AHP 在工程技术、能源系统分析、经济管理、城市规划和社会科学等众多领域中都得到了广泛的应用。

人们在进行社会的、经济的以及科学管理领域问题的系统分析中,面临的常常是一个由相互关联、相互制约的众多因素构成的复杂而往往缺少定量数据的系统。在这样的系统中,人们感兴趣的问题之一是:就 n 个不同事物所共有的某一性质而言,应该怎样对任一事物的所给性质表现出来的程度(排序权重)赋值,使得这些数值能客观地反映不同事物之间在该性质上的差异?

层次分析法为这类问题的决策和排序提供了一种新的、简洁而实用的建模方法。它把复杂问题分解成组成因素,并按支配关系形成层次结构,然后用两两比较的方法确定决策方案的相对重要性。

(一)建立层次结构图

一个合理的层次结构图至少分为三层,最上面为目标层或总体层,最下面为方案层或变量层,中间是准则层,如图 5-2 所示。

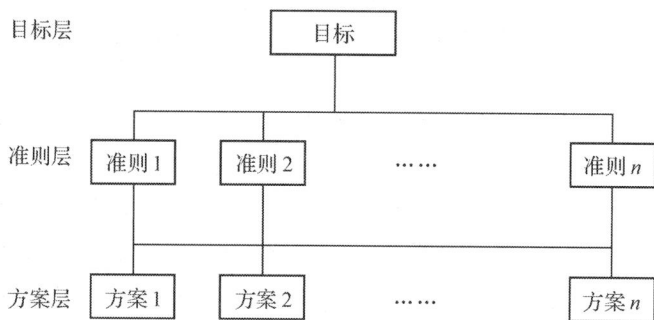

图 5-2　层次结构

如何建立层次结构图呢? 首先,将复杂问题分解为被称为元素的各组成部分,把这些元素按属性不同分成若干组,以形成不同层次。同一层次的元素作为准则,对下一层次的某些元素起支配作用,同时它又受上一层次元素的支配。这种从上至下的支配关系形成了一个递阶层次,处于最上面的层次通常只有一个元素,一般是分析问题的预定目标或理想结果,中间层次一般是准则、子准则,最低一层则是决策的方案或变量。层次之间元素的支配关系不一定是完全的,即可以存在这样的元素,它并不支配下一层次的所有元素。其次,层次数与问题的复杂程度和所需要分析的详尽程度有关,每一层次中的元素一般不超过 9 个,因一层中包含数目过多的元素会给两两比较判断带来困难。第三,一个好的层次结构对于解决问题是极为重要的。层次结构建立在决策者对所面临的问题具有全面深入的认识基础之上,如果在层次的划分和确定层次之间的支配关系上举棋不定,最好重新分析问题,弄清问题各部分相互之间的关系,以确保建立一个合理的层次结构。

一个好的层次结构图应具有以下特点:

(1)从上到下按顺序地存在支配关系,并用直线段表示除第一层外,每个元素至少受上一层一个元素支配,除最后一层外,每个元素至少支配下一层次一个元素,上下层元素的联系比同一层次中元素的联系要强得多,故认为同一层次及不相邻元素之间不存在支配关系。

(2)整个结构中层次数不受限制。

(3)最高层只有一个元素,每个元素所支配的元素一般不超过 9 个,元素多时可进一步分组。

(4)对某些具有子层次的结构可引入虚元素,使之成为层次结构。

(二)构造成对比较矩阵

在建立递阶层次结构以后,上下层次之间元素的隶属关系就被确定了。假定上一层次的元素 C_k 作为准则,对下一层次的元素 $A_1,A_2,\cdots,A_n$ 有支配关系,我们的目的是在准则 C_k 之下按它们的相对重要性赋予 $A_1,A_2,\cdots,A_n$ 相应的权重。

对于大多数社会经济问题,特别是对于人的判断起重要作用的问题,直接得到这些元素的权重并不容易,往往需要通过适当的方法来导出它们的权重。层次分析法所用的是两两比较的方法。

在两两比较的过程中,决策者要反复回答问题:针对准则 C_k,两个元素 A_j 和 A_k 哪一个更重要一些,重要多少? 并需要对重要性的大小赋予一定的数值。这里使用 1~9 的比例标度,它们的意义见表 5-2。

1~9 的标度方法是将思维判断数量化的一种好方法。首先,在区分事物的差别时,人们总是用相同、较强、强、很强和极端强等词汇。再进一步细分,可以在相邻的两级中插入折中的提法,因此对于大多数决策判断来说,1~9 级的标度是适用的。其次,心理学实验表明,大多数人对不同事物在相同程度属性上差别的分辨能力在 5~9 级,采用 1~9 的标度能反映多数人的判断能力。再次,当被比较的元素的属性处于不同的数量级时,一般需要将较高数量级的元素进一步分解,这可保证被比较元素在所考虑的属性上有同一个数量级或比较接近的数量级,从而适用于 $1\sim9$ 的标度。

表 5-2　标度的含义

标　度	含　义
1	表示两个元素相比,具有同样的重要性
3	表示两个元素相比,一个元素比另一个元素稍微重要
5	表示两个元素相比,一个元素比另一个元素明显重要
7	表示两个元素相比,一个元素比另一个元素强烈重要
9	表示两个元素相比,一个元素比另一个元素极端重要
2,4,6,8	表示上述相邻判断的中值
倒数	若元素 i 和 j 的重要性之比为 a_{ij},那么元素 j 与元素 i 重要性之比为 $a_{ji}=1/a_{ij}$

第二,对于 n 个元素 $A_1,A_2,\cdots,A_n$ 来说,通过两两比较,得到两两比较判断矩阵 A:

$$A=\begin{bmatrix} a_{11} & a_{12} & \cdots & a_{1n} \\ a_{21} & a_{22} & \cdots & a_{2n} \\ \vdots & \vdots & \vdots & \vdots \\ a_{n1} & a_{n2} & \cdots & a_{nn} \end{bmatrix}$$

该判断矩阵具有如下性质:

(1) $a_{ij}>0$;

(2) $a_{ji}=1/a_{ij}$;

(3) $a_{ii}=1$。

可见,A 为正的互反矩阵。

(三)计算层次单排序——计算比较矩阵的特征值与特征向量

这一步是要解决在准则 C_k 下,n 个元素 $A_1,A_2,\cdots,A_n$ 排序权重的计算问题,通过两两比较得到判断矩阵 A,解特征值问题。

$$AW=\lambda_{\max}w$$

所得到的 w 经归一化后作为元素 $A_1,A_2,\cdots,A_n$ 在准则 C_k 下的排序权重,这种方法称为计算排序向量的特征值法。

特征值方法的理论依据是正矩阵的 Perron 定理,它保证了所得到的排序向量的正值性和唯一性。

定理:设 n 阶方阵 $A > 0$, λ_{max} 为 A 的模最大的特征值,则有:

(1) λ_{max} 必为正特征值,而且它所对应的特征向量为正向量;

(2) A 的任何其他特征值 λ,恒有 $|\lambda| < \lambda_{max}$;

(3) λ_{max} 为 A 的单特征值,因而它所对应的特征向量除差一个常数因子外是唯一的。

特征值方法中的最大特征值 λ_{max} 和特征向量 W,可用 Matlab 软件直接计算。若不使用软件帮助而直接用定义来计算矩阵 A 的特征值和特征向量,则相当困难,特别是阶数较高时。另一方面,成对比较矩阵是通过定性比较得到的比较粗糙的结果,没有必要对它进行精确的计算。基于这种想法,近似计算矩阵 A 的特征值和特征向量更受人们的欢迎。常见的近似计算矩阵 A 的特征值和特征向量的方法有求和法、求根法和幂法。

(1) 求和法

(a) 将 A 的每一列向量归一化,得矩阵:

$$\widetilde{w}_{ij} = \frac{a_{ij}}{\sum_{i=1}^{n} a_{ij}}$$

(b) 对矩阵 $\widetilde{w}_{ij}$ 按行求和,得向量:

$$\widetilde{w} = \begin{bmatrix} \widetilde{w}_1 & \widetilde{w}_2 & \cdots & \widetilde{w}_n \end{bmatrix}^{\mathrm{T}}, \text{其中} \ \widetilde{w}_i = \sum_{j=1}^{n} \widetilde{w}_{ij}$$

(c) 归一化向量 $w = \begin{bmatrix} \widetilde{w}_1 & \widetilde{w}_2 & \cdots & \widetilde{w}_n \end{bmatrix}^{\mathrm{T}}$,得到向量:

$$w = \begin{bmatrix} w_1 & w_2 & \cdots & w_n \end{bmatrix}^{\mathrm{T}}, \text{其中} \ w_i = \widetilde{w}_i / \sum_{j=1}^{n} \widetilde{w}_j$$

该向量即为所求的特征向量的近似。

(d) 计算 Aw 得到向量 $\begin{bmatrix} a_1 & a_2 & \cdots & a_n \end{bmatrix}^{\mathrm{T}}$。

(e) 计算 $\lambda = \dfrac{1}{n} \sum_{j=1}^{n} \dfrac{a_j}{w_j}$,这就是要计算的最大特征值的近似。

(2) 求根法

求根法的步骤和求和法的步骤基本相同,只是将步骤(b) 改为:

(b') 对矩阵 w_{ij} 按行求积并开 n 次方,得向量:

$$\widetilde{w} = \begin{bmatrix} \widetilde{w}_1 & \widetilde{w}_2 & \cdots & \widetilde{w}_n \end{bmatrix}^{\mathrm{T}}, \text{其中} \ \widetilde{w}_i = \left(\prod_{j=1}^{n} \widetilde{w}_{ij} \right)^{\frac{1}{n}}$$

其他步骤完全相同。

（3）幂法

幂法是用迭代格式求特征值与特征向量的，其步骤如下：

（a）任取一 n 维归一化的初始向量 $w^{(0)}$。

（b）计算

$$\widetilde{w}^{(k+1)} = Aw^{(k)}, k=0,1,2,\cdots$$

（c）归一化向量 $\widetilde{w}^{(k+1)}$，得到向量 $w^{(k+1)}$，即：

$$w^{(k+1)} = \frac{\widetilde{w}^{(k+1)}}{\sum_{i=1}^{n} \widetilde{w}^{(k+1)}}$$

（d）对于预先给定的精度 ε，当下式成立时

$$|w_i^{(k+1)} - w_i^{(k)}| < \varepsilon, i=1,2,\cdots,n$$

$w^{(k+1)}$ 即为所要求的特征向量；否则，继续按步骤（b）计算。

（e）计算 $\lambda = \frac{1}{n}\sum_{j=1}^{n}\frac{\widetilde{w}_j^{(k+1)}}{w_j^{(k+1)}}$，这就是要计算的最大特征值的近似。

上述三种近似算法中，第一种求和方法最简单，第三种幂法较为复杂。

（四）比较矩阵的一致性检验

如果决策人对决策对象的比较具有逻辑的绝对一致性，即不会出现任何矛盾的结论，在这种理想状况下，判断矩阵 A 的元素具有传递性，即满足等式：

$$a_{ij} \cdot a_{jk} = a_{ik}$$

例如当 A_i 和 A_j 相比的重要性比例标度为 3，而 A_j 和 A_k 相比的重要性比例标度为 2，一个传递性的判断应有 A_i 和 A_k 相比的重要性比例标度为 6。当上式对矩阵 A 的所有元素均成立时，判断矩阵 A 称为一致性矩阵。

然而，实际情况是，我们并不要求判断具有这种传递性和一致性，这是由客观事物的复杂性与人的认识的多样性所决定的。但在构造两两判断矩阵时，要求判断大体上的一致是应该的，出现甲比乙极端重要，乙比丙极端重要，而丙又比甲极端重要的判断，一般是违反常识的。一个混乱的经不起推敲的判断矩阵有可能导致决策的失误，而且当判断矩阵过于偏离一致性时，用上述各种方法计算的排序权重作为决策依据，其可靠程度也值得怀疑，因而必须对判断矩阵的一致性进行检验。

可以证明，n 阶比较矩阵 A 是一致的，当且仅当 A 的最大特征值 $\lambda_{\max} = n$。

因此，只需计算 A 的最大特征值就可判断 A 是否是一致的。如果 A 不具有一致性，可以证明 $\lambda_{\max}(A) > 0$，而且，$\lambda_{\max}(A) - n$ 越大，不一致程度越严重。令：

$$CI = \frac{\lambda_{\max}(A) - n}{n - 1}$$

将 CI 作为衡量比较矩阵 A 的不一致程度的标准，称 CI 为一致性指标。当判断矩阵 A 的最大特征值 $\lambda_{\max}(A)$ 稍大于 n 时，称 A 具有满意的一致性。用这种方法定义的一致性是不严格的，还必须给出度量指标。Saaty 提出结合平均随机一致性指标 RI 来检验比较矩阵 A 是否具有满意的一致性。平均随机一致性指标是多次（500 次以上）重复进行随机判断矩阵特征根计算之后取算术平均得到的。具体的，对于固定的 n，随机地从 $1,2,\cdots,9$，$1/2,1/3,\cdots,1/9$ 这 17 个数中选取 $\frac{n(n-1)}{2}$ 个构造比较矩阵 A'，这样的 A' 是不一致的，取充分大的子样得到 A' 的最大特征值的平均值 $\lambda'_{\max}$，则：

$$RI = \frac{\lambda'_{\max} - n}{n - 1}$$

许树柏(1986)通过重复计算 1000 次判断矩阵后得出的 1～15 阶的平均随机一致性指标如表 5-3 所示。

表 5-3　平均随机一致性指标的值

阶数	1	2	3	4	5	6	7	8
RI	0	0	0.52	0.89	1.12	1.26	1.36	1.41
阶数	9	10	11	12	13	14	15	
RI	1.46	1.49	1.52	1.54	1.56	1.58	1.59	

令：

$$CR = \frac{CI}{RI}$$

则称 CR 为随机一致性比率。当 $CR < 0.1$ 时，认为比较矩阵具有满意的一致性；否则，必须重新调整比较矩阵 A，直到它达到满意的一致性为止。总之，比较矩阵 A 的一致性检验分为以下几步：

（1）计算一致性指标 CI。

（2）查找平均随机一致性指标（见表 5-3）。

（3）计算随机一致性比率 CR。当 $CR < 0.1$ 时，一般认为判断矩阵的一致性是可以接受的。否则，应对判断矩阵作适当的修正。

(五)层次总排序及其一致性检验

计算同一层次所有因素对于总目标（最高层）相对重要性的排序权值，称为层次总排序。这一过程由最高层到最低层逐层进行。设上一层次 A 包

含的 m 个因素为 $A_1,A_2,\cdots,A_m$，它的层次排序权值分别为 $a_1,a_2,\cdots,a_m$，下一层次 B 包含 p 个因素记为 $B_1,B_2,\cdots,B_p$，它们对 A_j 的层次排序权值分别记为 B_{kj}（当 B_k 与 A_j 无联系时，$B_{kj}=0$），此时 B 层排序权值如表 5-4 所示。

表 5-4 层次排序权值计算

层次	A_1 a_1	A_2 a_2	$\cdots$	A_m a_m	层次排序权值
B_1	b_{11}	b_{12}	$\cdots$	b_{1m}	$\displaystyle\sum_{j=1}^{m} a_j a_{1j}$
B_2	b_{21}	b_{22}	$\cdots$	b_{2m}	$\displaystyle\sum_{j=1}^{m} a_j a_{2j}$
$\vdots$	$\vdots$	$\vdots$	$\vdots$	$\vdots$	$\vdots$
B_p	b_{p1}	b_{p2}	$\cdots$	b_{pn}	$\displaystyle\sum_{j=1}^{m} a_j a_{pj}$

层次排序也要进行一致性检验，检验是从高层到底层进行的。设 B 层中的某些因素对 A_{ij} 排序的一致性指标为 CI_j，平均随机一致性指标 RI_j，则 B 层排序随机一致性比率为：

$$CR = \frac{\displaystyle\sum_{i=1}^{m} a_j CI_j}{\displaystyle\sum_{i=1}^{m} a_j RI_j}$$

当 $CR<0.1$ 时，一般认为排序的一致性是可以接受的。否则，需要进行调整。一般情形，由于各个单层的一致性都是可以接受的，组合一致性比率大于 0.1 的很少，但确实也有组合一致性比率大于 0.1 的情形，这时必须调整两两比较判断矩阵，这将是非常麻烦的事。

四、城市时尚经济的评价方法

（一）建立城市时尚经济的评价层次结构模型

根据 AHP 层次结构模型的构造原则，在明确中心问题之后，按问题的性质以及各指标因素的相互关系和隶属关系，把实际问题具体层次化，形成一个多层次的结构模型。依此原则以及前述的城市时尚经济指数评价体系，得出如图 5-3 所示的城市时尚经济评价体系的层次结构。

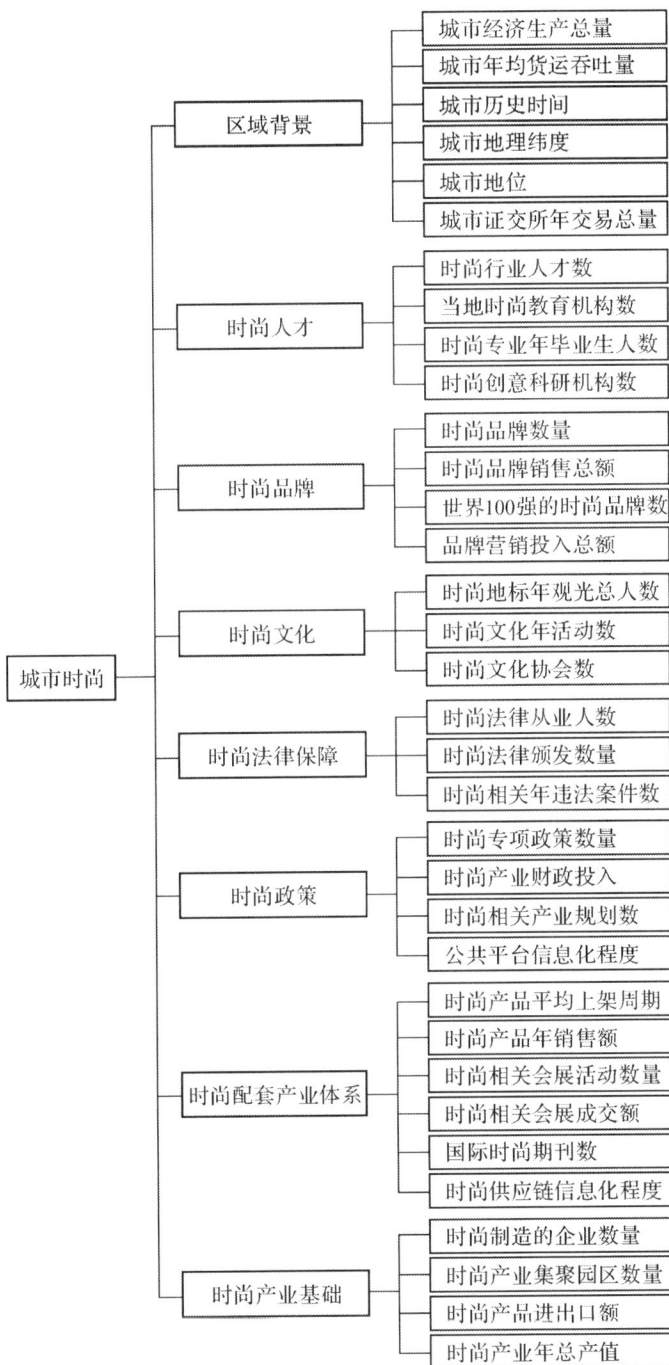

图 5-3　城市时尚经济评价体系的层次结构

区域背景
- 城市经济生产总量
- 城市年均货运吞吐量
- 城市历史时间
- 城市地理纬度
- 城市地位
- 城市证交所年交易总量

时尚人才
- 时尚行业人才数
- 当地时尚教育机构数
- 时尚专业年毕业生人数
- 时尚创意科研机构数

时尚品牌
- 时尚品牌数量
- 时尚品牌销售总额
- 世界100强的时尚品牌数
- 品牌营销投入总额

时尚文化
- 时尚地标年观光总人数
- 时尚文化年活动数
- 时尚文化协会数

城市时尚

时尚法律保障
- 时尚法律从业人数
- 时尚法律颁发数量
- 时尚相关年违法案件数

时尚政策
- 时尚专项政策数量
- 时尚产业财政投入
- 时尚相关产业规划数
- 公共平台信息化程度

时尚配套产业体系
- 时尚产品平均上架周期
- 时尚产品年销售额
- 时尚相关会展活动数量
- 时尚相关会展成交额
- 国际时尚期刊数
- 时尚供应链信息化程度

时尚产业基础
- 时尚制造的企业数量
- 时尚产业集聚园区数量
- 时尚产品进出口额
- 时尚产业年总产值

(二)城市时尚经济评价体系各层次的比较判断矩阵和评价项目权重

首先,进行目标层"城市时尚"下各个评价准则之间的相互比较。为得到较为客观的标度数据,通过向国内外时尚业学者、专家和时尚企业相关负责人发放近 1000 份关于城市时尚评价指数的重要度抽样调查表,得到城市时尚指数的标度均值,构造判断矩阵,采用下列 Matlab 算法,并进行反复修正和对判断矩阵的一致性检验,最终计算出准则层的各指标权重。表 5-5 给出了各个评价准则间的比较矩阵和权重,其中的一致性检验指标为 0.0882,是合格的。

```matlab
clear all;
clc;
N = 8;
n = [6 4 4 3 3 4 6 4];
RI1 = [0,0,0.52,0.89,1.12,1.26,1.26,1.36,1.41,1.46,1.49,1.52,1.54,1.56,1.58,
1.59];………平均随机一致性指标 RI 值
nn = 8;
AA = xlsread('data.xlsx','Father','A1 : G7');
A = cell(nn - 1);
p = nn - 1;
for j00 = 1 : nn - 1
    A{j00} = AA(j00,1 : p);
    p = p - 1;
end
  for i0 = 1 : nn
    a(i0,i0) = 1;
  end
k0 = 2;
for i0 = 1 : nn
    test = A{i0};
    m0 = 1;
    for j0 = k0 : nn
        a(i0,j0) = test(m0);
        a(j0,i0) = 1/a(i0,j0);
        m0 = m0 + 1;
    end
    k0 = k0 + 1;
end
```

```
for i0 = 1∶nn
    tt = 0;
    for j0 = 1∶nn
        tt = tt + a(i0,j0)/sum(a(∶,j0));
    end
    w0(i0) = 1/nn * tt;………权重计算
  end
  RI0 = 1.41;
CI0 = (eigs(a,1) - nn)/(nn - 1);
CR0 = CI0/RI0;………一致性比例
```

表 5-5 目标层下各个评价准则间的比较

城市时尚	区域背景	时尚人才	时尚品牌	时尚文化	时尚法律保障	时尚政策	时尚配套产业体系	时尚产业基础	权重
区域背景	1	1/2	1/5	2	1/3	1/4	1/3	1/5	0.0437
时尚人才	2	1	1/2	2	1/2	1/3	1/3	1/3	0.0662
时尚品牌	5	2	1	1	2	2	1/2	1/2	0.1342
时尚文化	1/2	1/2	1	1	1/2	1/3	1/4	1/6	0.0447
时尚法律保障	3	2	1/2	2	1	1/3	1/4	1/5	0.0766
时尚政策	4	3	1/2	3	3	1	1/2	1/4	0.1253
时尚配套产业体系	3	3	2	4	4	2	1	1/6	0.1733
时尚产业基础	5	3	2	6	5	4	6	1	0.3330

按相似的方法,用以下 Matlab 算法,进行每个准则层下,即方案层,各指标间的比较,得到相应的权重,并进行一致性检验,具体比较见表 5-6～表 5-13,其中一致性检验指标分别为 0.0871、0.0073、0.0287、0.0330、0.0421、0.0279、0.0704、0.0374,可见一致性检验结果均合格,结果可信。最后,从高层到底层对准则层下的方案层排序进行一致性检验,检验结果为 0.0563,可以确定准则层与方案层之间具有整体满意的一致性。

```
% %
clear all;
clc;
N = 8;
```

```
n = [6 4 4 3 3 4 6 4];
RI1 = [0, 0, 0.52, 0.89, 1.12, 1.26, 1.26, 1.36, 1.41, 1.46, 1.49, 1.52, 1.54, 1.56, 1.58,
1.59];
for i = 1 : N
    AA = xlsread('data.xlsx', strcat('Sheet', num2str(i)), 'A1 : E5');
    A = cell(n(i) - 1);
    p = n(i) - 1;
    for j = 1 : n(i) - 1
        A{j} = AA(j,1 : p);
        p = p - 1;
    end

      a = zeros(n(i), n(i));
    for s = 1 : n(i)
      a(s,s) = 1;
    end

    k = 2;
    for i1 = 1 : n(i)
      test = A{i1};
      m = 1;
      for j1 = k : n(i)
        a(i1,j1) = test(m);
        a(j1,i1) = 1/a(i1,j1);
        m = m + 1;
      end
      k = k + 1;
    end

    w = zeros(1, n(i));
    for i2 = 1 : n(i)
      tt = 0;
      for j2 = 1 : n(i)
        tt = tt + a(i2,j2)/sum(a(:,j2));
      end
      w(i2) = 1/n(i) * tt;
    end
```

```
    W{i} = w;………W{}权重元胞数组
    % consistency
    RI(i) = RI1(n(i));
    CI(i) = (eigs(a,1) - n(i))/(n(i) - 1);
    CR(i) = CI(i)/RI(i);………方案层一致性
end
```

………以下为准则层与方案层的一致性检验代码

```
total = zeros(9,8);
total(1,:) = w0;
for ll = 2 : 9
    total(ll,1 : n(ll - 1)) = W{ll - 1};
end


N = 8;
WW = total(1,:);
for il = 1 : N
    PP{il} = total(il + 1,1 : n(il));
end
indx = sum(n);


P = zeros(indx,N);
kl = 1;
for il = 1 : N
    P(kl : kl + n(il) - 1,il) = PP{il}';
    kl = kl + n(il);
end


weight = P * WW'; % leave factor vs objective weight


CIRI = [CI' RI'];
CIF = CIRI(:,1);
RIF = CIRI(:,2);
CIF = WW * CIF;
RIF = WW * RIF;
CRF = CIF/RIF;………准则层与方案层的一致性
```

表 5-6　区域背景 6 项指标间的比较

城市时尚	城市经济生产总量	城市年均货运吞吐量	城市历史时间	城市地理纬度	城市地位	城市证交所年交易总量	权重
城市经济生产总量	1	4	1/3	1/2	1/2	2	0.1432
城市年均货运吞吐量	1/4	1	1/3	1/2	1/4	1/2	0.0588
城市历史时间	3	3	1	2	1/2	3	0.2403
城市地理纬度	2	2	1/2	1	1/2	1/3	0.1286
城市地位	2	4	2	2	1	3	0.2958
城市证交所年交易总量	1/2	2	1/3	3	1/3	1	0.1332

表 5-7　时尚人才 4 项指标间的比较

时尚人才	时尚行业人才数	当地时尚教育机构数	时尚专业年毕业生人数	时尚创意科研机构数	权重
时尚行业人才数	1	3	4	2	0.4658
当地时尚教育机构数	1/3	1	2	1/2	0.1611
时尚专业年毕业生人数	1/4	1/2	1	1/3	0.0960
时尚创意科研机构数	1/2	2	3	1	0.2771

表 5-8　时尚品牌 4 项指标间的比较

时尚品牌	时尚品牌数量	时尚品牌销售总额	世界 100 强的时尚品牌数	品牌营销投入总额	权重
时尚品牌数量	1	1/2	2	1/9	0.0879
时尚品牌销售总额	2	1	2	1/9	0.1193
世界 100 强的时尚品牌数	1/2	1/2	1	1/9	0.0601
品牌营销投入总额	9	9	9	1	0.7328

表 5-9　时尚文化 3 项指标间的比较

时尚文化	时尚地标年观光总人数	时尚文化年活动数	时尚文化协会数	权重
时尚地标年观光总人数	1	1/3	1/2	0.1638
时尚文化年活动数	3	1	2	0.5390
时尚文化协会数	2	1/2	1	0.2973

表 5-10 时尚法律保障 3 项指标间的比较

时尚法律保障	时尚法律从业人数	时尚法律颁发数量	时尚相关年违法案件数	权重
时尚法律从业人数	1	1/3	1/2	0.1638
时尚法律颁发数量	3	1	2	0.5390
时尚相关年违法案件数	2	1/2	1	0.2973

表 5-11 时尚政策 4 项指标间的比较

时尚政策	时尚专项政策数量	时尚产业财政投入	时尚相关产业规划数	公共平台信息化程度	权重
时尚专项政策数量	1	1/3	1	2	0.2089
时尚产业财政投入	3	1	3	2	0.4601
时尚相关产业规划数	1	1/3	1	1	0.1672
公共平台信息化程度	1/2	1/2	1	1	0.1638

表 5-12 时尚配套产业体系 6 项指标间的比较

时尚配套产业体系	时尚产品平均上架周期	时尚产品年销售额	时尚相关会展活动数量	时尚相关会展成交额	国际时尚期刊数	时尚供应链信息化程度	权重
时尚产品平均上架周期	1	1/3	3	2	3	1/2	0.1757
时尚产品年销售额	1/4	1	3	3	5	2	0.3358
时尚相关会展活动数量	3	3	1	1	4	2	0.1533
时尚相关会展成交额	2	2	1/2	1	2	1/2	0.0997
国际时尚期刊数	2	4	2	2	1	0.5	0.0491
时尚供应链信息化程度	1/2	2	1/3	3	1/3	1	0.1837

表 5-13 时尚产业基础 4 项指标间的比较

时尚产业基础	时尚制造的企业数量	时尚产业集聚园区数量	时尚产品进出口额	时尚产业年总产值	权重
时尚制造的企业数量	1	2	3	1/4	0.2103
时尚产业集聚园区数量	1/2	1	3	1/4	0.1548
时尚产品进出口额	1/3	1/3	1	1/5	0.0759
时尚产业年总产值	4	4	5	1	0.5590

最后,计算各个评价指标的综合权重,计算结果见表 5-14。

表 5-14　城市时尚评价指标综合权重

F	准则层指标 v_k	权重 w_k	方案层指标 v_{k_p}	权重 w_{k_p}	总权重 $w_k w_{k_p}$
城市时尚指数	区域背景要素	0.0437	城市经济生产总量	0.1432	0.006258
			城市年平均货运吞吐量	0.0588	0.002570
			城市历史时间	0.2403	0.010501
			城市地理纬度	0.1286	0.005620
			城市地位	0.2958	0.012926
			城市证交所年交易总量	0.1332	0.005821
	时尚人才要素	0.0662	时尚行业人才数	0.4658	0.030836
			当地时尚教育机构数	0.1611	0.010665
			时尚专业年毕业生人数	0.0960	0.006355
			时尚创意科研机构数	0.2771	0.018344
	时尚品牌要素	0.1342	时尚品牌数量	0.0879	0.011796
			时尚品牌销售总额	0.1193	0.016010
			世界 100 强的时尚品牌数	0.0601	0.008065
			品牌营销投入总额	0.7328	0.098342
	时尚文化要素	0.0447	时尚地标年观光总人数	0.1638	0.007322
			时尚文化年活动数	0.5390	0.024093
			时尚文化协会数	0.2973	0.013289
	时尚法律保障要素	0.0766	时尚法律从业人数	0.1638	0.012547
			时尚法律颁发数量	0.5390	0.041287
			时尚相关年违法案件数	0.2973	0.022773
	时尚政策要素	0.1253	时尚专项政策数量	0.2089	0.026175
			时尚产业财政投入	0.4601	0.057651
			时尚相关产业规划数	0.1672	0.020950
			公共平台信息化程度	0.1638	0.020524
	时尚配套产业体系要素	0.1733	时尚产品平均上架周期	0.1757	0.030449
			时尚产品年销售额	0.3358	0.058194
			时尚相关会展活动数量	0.1533	0.026567
			时尚相关会展成交额	0.0997	0.017278
			国际时尚期刊数	0.0491	0.008509
			时尚供应链信息化程度	0.1837	0.031835

续表

F	准则层指标 v_k	权重 w_k	方案层指标 $v_{k_p}^p$	权重 $w_{k_p}^p$	总权重 $w_k w_{k_p}^p$
城市时尚指数	时尚产业基础要素	0.3330	时尚制造的企业数量	0.2103	0.070030
			时尚产业集聚园区数量	0.1548	0.051548
			时尚产品进出口额	0.0759	0.025275
			时尚产业年总产值	0.5590	0.186147

（三）城市时尚经济水平评测方法

1. 评测指数模型

根据上述对城市时尚经济指标的计算结果,得到城市时尚经济水平的评测指数模型:

$$F = \sum_{k=1}^{K} w_k v_k \ , K = 8$$

$$v_k = \sum_{p=1}^{P} w_{k_p}^p v_{k_p}^p$$

模型参数解释:

(1) F 为需要评价的城市时尚指数;

(2) w_k 为第 k 个指标对指数的权重,即影响系数;

(3) v_k 为第 k 个指标的取值,由各二级指标的权重 $w_{k_p}^p$ 与对应的方案层指标采样值 $v_{k_p}^p$ 乘积累加得到。

需要指出的是,从上述排序权重计算结果可以看出,准则层与方案层之间具有良好的一致性,因此,只要采用方案层的采样结果直接进行计算即可,而无须再与准则层采样结果的计算进行比较。

2. 方案层指标采样

根据城市时尚指数评价体系及评价模型,本研究分别针对专家学者和企业负责人设计了以下两种调查问卷,通过问卷调查得到某一城市时尚程度的各相关指标值。

1) 城市时尚评价指标体系调查问卷(专家学者)

尊敬的领导、专家:

您好!

本问卷为"城市时尚指数的影响因素及创新能力评价研究"项目的一部分,为了考量城市时尚水平,我们设计了此问卷。请您按您的理解对指标的重要程度进行判断。对于您的支持,表示衷心的感谢。

以下问卷内容,请按重要性打分:1 分最低,9 分为满分。具体分值解释见下表。

重要程度分值解释表

重要程度	不重要	微小重要	稍为重要	更为重要	明显重要	十分重要	强烈重要	更强烈重要	极端重要
分值	1	2	3	4	5	6	7	8	9

(1)您认为以下因素对城市时尚指数的重要程度:

	1分	2分	3分	4分	5分	6分	7分	8分	9分
区域背景要素	□	□	□	□	□	□	□	□	□
时尚人才要素	□	□	□	□	□	□	□	□	□
时尚品牌要素	□	□	□	□	□	□	□	□	□
时尚文化要素	□	□	□	□	□	□	□	□	□
时尚法律保障要素	□	□	□	□	□	□	□	□	□
时尚政策要素	□	□	□	□	□	□	□	□	□
时尚配套产业体系要素	□	□	□	□	□	□	□	□	□
时尚产业基础要素	□	□	□	□	□	□	□	□	□

(2)您认为以下因素对区域背景要素的重要程度:

	1分	2分	3分	4分	5分	6分	7分	8分	9分
城市经济生产总量	□	□	□	□	□	□	□	□	□
城市年平均货运吞吐量	□	□	□	□	□	□	□	□	□
城市历史时间	□	□	□	□	□	□	□	□	□
城市地理纬度	□	□	□	□	□	□	□	□	□
城市地位	□	□	□	□	□	□	□	□	□
城市证交所年交易总量	□	□	□	□	□	□	□	□	□

（3）您认为以下因素对时尚人才要素的重要程度：

	1分	2分	3分	4分	5分	6分	7分	8分	9分
时尚行业人才数	☐	☐	☐	☐	☐	☐	☐	☐	☐
当地时尚教育机构数	☐	☐	☐	☐	☐	☐	☐	☐	☐
时尚专业年毕业生人数	☐	☐	☐	☐	☐	☐	☐	☐	☐
时尚创意科研机构数	☐	☐	☐	☐	☐	☐	☐	☐	☐

（4）您认为以下因素对时尚品牌要素的重要程度：

	1分	2分	3分	4分	5分	6分	7分	8分	9分
时尚品牌数量	☐	☐	☐	☐	☐	☐	☐	☐	☐
时尚品牌销售总额	☐	☐	☐	☐	☐	☐	☐	☐	☐
世界100强的时尚品牌数	☐	☐	☐	☐	☐	☐	☐	☐	☐
品牌营销投入总额	☐	☐	☐	☐	☐	☐	☐	☐	☐

（5）您认为以下因素对时尚文化要素的重要程度：

	1分	2分	3分	4分	5分	6分	7分	8分	9分
时尚地标年观光总人数	☐	☐	☐	☐	☐	☐	☐	☐	☐
时尚文化年活动数	☐	☐	☐	☐	☐	☐	☐	☐	☐
时尚文化协会数	☐	☐	☐	☐	☐	☐	☐	☐	☐

（6）您认为以下因素对时尚法律保障要素的重要程度：

	1分	2分	3分	4分	5分	6分	7分	8分	9分
时尚法律从业人数	☐	☐	☐	☐	☐	☐	☐	☐	☐
时尚法律颁发数量	☐	☐	☐	☐	☐	☐	☐	☐	☐
时尚相关年违法案件数	☐	☐	☐	☐	☐	☐	☐	☐	☐

(7)您认为以下因素对时尚政策要素的重要程度：

	1分	2分	3分	4分	5分	6分	7分	8分	9分
时尚专项政策数量	☐	☐	☐	☐	☐	☐	☐	☐	☐
时尚产业财政投入	☐	☐	☐	☐	☐	☐	☐	☐	☐
时尚相关产业规划数	☐	☐	☐	☐	☐	☐	☐	☐	☐
公共平台信息化程度	☐	☐	☐	☐	☐	☐	☐	☐	☐

(8)您认为以下因素对时尚配套产业体系要素的重要程度：

	1分	2分	3分	4分	5分	6分	7分	8分	9分
时尚产品平均上架周期	☐	☐	☐	☐	☐	☐	☐	☐	☐
时尚产品年销售额	☐	☐	☐	☐	☐	☐	☐	☐	☐
时尚相关会展活动数量	☐	☐	☐	☐	☐	☐	☐	☐	☐
时尚相关会展成交额	☐	☐	☐	☐	☐	☐	☐	☐	☐
国际时尚期刊数	☐	☐	☐	☐	☐	☐	☐	☐	☐
时尚供应链信息化程度	☐	☐	☐	☐	☐	☐	☐	☐	☐

(9)您认为以下因素对时尚产业基础要素的重要程度：

	1分	2分	3分	4分	5分	6分	7分	8分	9分
时尚制造的企业数量	☐	☐	☐	☐	☐	☐	☐	☐	☐
时尚产业集聚园区数量	☐	☐	☐	☐	☐	☐	☐	☐	☐
时尚产品进出口额	☐	☐	☐	☐	☐	☐	☐	☐	☐
时尚产业年总产值	☐	☐	☐	☐	☐	☐	☐	☐	☐

2)城市时尚指数影响因素调查问卷(企业负责人)

尊敬的企业负责人：

　　您好！

　　为推动××市时尚产业的发展，打造时尚之都，为政府决策提供依据，我们开展了此项城市时尚指数影响因素的调查与研究工作。我们郑重承诺，此次调查所采集的所有信息仅用于科学研究。请您认真阅读问题并根据实际情况填写问卷。

　　感谢您在百忙之中拨冗支持我们的调查与研究工作！

公司名称：_____（可不填）贵公司所在集聚园区的名称：_____
_____公司职工人数：_____公司时尚人才数：_____，主要来自的
高校：_____，_____，_____

主导业务所在行业类型：

□服装业　□家纺业　□会展业　□物流行业　□厨具业

□其他行业_____

公司成立年限：□5年以下　□5～10年　□10～15年　□15～20年
□20～30年　□30年以上

公司年销售收入：□1亿元以下　□1亿～5亿元　□5亿～50亿元
□50亿～100亿元　□100亿元以上

公司设计营销占销售收入的比重：□1%以下　□1%～2%　□2%～
3%　□3%～5%　□5%～10%　□10%以上

企业品牌营销投入总额：_____元

时尚产品平均上架周期：_____天

（请根据贵企业的实际情况对下面各项描述进行5级打分，1～5依次表
示从很少/弱到很多/强，请在相应的框内打√）

以下因素对贵公司发展的影响		很少/弱	较少/弱	一般	较多/强	很多/强
时尚人才要素						
1	时尚行业人才数	1	2	3	4	5
2	当地时尚教育机构数	1	2	3	4	5
3	时尚专业年毕业生人数	1	2	3	4	5
4	时尚创意科研机构数	1	2	3	4	5
时尚品牌要素						
1	时尚品牌数量	1	2	3	4	5
2	时尚品牌销售额	1	2	3	4	5
3	世界100强的时尚品牌数	1	2	3	4	5
4	品牌营销投入总额	1	2	3	4	5
时尚文化要素						
1	时尚地标年观光总人数	1	2	3	4	5
2	时尚文化年活动数	1	2	3	4	5

以下因素对贵公司发展的影响		很少/弱	较少/弱	一般	较多/强	很多/强
3	时尚文化协会数	1	2	3	4	5
时尚法律保障要素						
1	时尚法律从业人员数	1	2	3	4	5
2	时尚法律颁发数量	1	2	3	4	5
3	时尚相关年违法案件数	1	2	3	4	5
时尚政策要素						
1	时尚专项政策数量	1	2	3	4	5
2	时尚产业财政投入	1	2	3	4	5
3	时尚相关产业规划数	1	2	3	4	5
4	公共平台信息化程度	1	2	3	4	5
时尚配套产业体系要素						
1	时尚产品平均上架周期	1	2	3	4	5
2	时尚产品年销售额	1	2	3	4	5
3	时尚相关会展活动数量	1	2	3	4	5
4	时尚相关会展成交额	1	2	3	4	5
5	国际时尚期刊数	1	2	3	4	5
6	时尚供应链信息化程度	1	2	3	4	5
时尚产业基础要素						
1	时尚制造的企业数量	1	2	3	4	5
2	时尚产业集聚园区数量	1	2	3	4	5
3	时尚产品进出口额	1	2	3	4	5
4	时尚产业年总产值	1	2	3	4	5

五、宁波时尚经济发展测评及分析

(一)宁波时尚经济发展水平评测结果

依据城市时尚经济水平的评测指数模型,采用上述问卷调查表,根据城市时尚指数评价体系,分别向宁波市时尚相关企业专家、园区专家、企业负责人发放宁波时尚指数各影响因子情况调查问卷共计 247 份,回收有效问卷 223 份,通过对问卷的统计分析,得到标准化后的宁波时尚指数各影响因子情况,见表 5-15。

表 5-15　宁波城市时尚指数各指标调查统计结果

指标	标准化数据 V_k^ℓ	指标	标准化数据 V_k^ℓ
城市经济生产总量	4.9	时尚法律从业人数	0.46
城市年平均货运吞吐量	7.5	时尚法律颁发数量	0.2
城市历史时间	8.6	时尚相关年违法案件数	3.5
城市地理纬度	6.3	时尚专项政策数量	4.4
城市地位	1.8	时尚产业财政投入	2.5
城市证交所年交易总量	0.6	时尚相关产业规划数	3.1
时尚行业人才数	0.4	公共平台信息化程度	2.2
当地时尚教育机构数	1.2	时尚产品平均上架周期	3.1
时尚专业年毕业生人数	2.4	时尚产品年销售额	2.5
时尚创意科研机构数	1.1	时尚相关会展活动数量	3.1
时尚品牌数量	1.2	时尚相关会展成交额	4.5
时尚品牌销售总额	0.9	国际时尚期刊数	1.2
世界 100 强的时尚品牌数	2.3	时尚供应链信息化程度	2.7
品牌营销投入总额	0.7	时尚制造的企业数量	5.6
时尚地标年观光总人数	1.2	时尚产业集聚园区数量	4.3
时尚文化年活动数	2.4	时尚产品进出口额	5.1
时尚文化协会数	3.1	时尚产业年总产值	5.3

将上述数据代入城市时尚经济水平的评测指数模型,最终得到宁波时尚指数水平:$F = 3.1753$。

(二)测评结果分析

根据宁波时尚指数测定结果,可以分析得到,目前,宁波与国际时尚之都仍有明显的差距,主要在以下几个方面。

1. 宁波发展时尚之都的基本条件匹配,宁波城市综合经济实力有待加强

五大时尚之都的发展均具备四季分明的气候条件、相当的城市规模,具有政治、经济和文化等较强的综合实力。宁波的自然条件匹配,历史文化悠久,城市综合实力已达到一定水平,具备便捷的交通、众多的人口和富裕的消费人群等形成时尚之都的基本条件,但宁波总体的城市综合实力不强,宁波总体的城市经济实力不强,2014 年实现地区生产总值 7602.51 亿元,列全国城市第 17位,人均生产总值 98972 元(按年平均汇率折合为 16112 美元),列全国城市第23 位,城市经济竞争实力未列入全国城市 10 强,城市经济实力有待进一步加强。

2. 宁波对时尚前端产业有一定规划,但时尚整体产业定位规划欠缺,政策力度不够

回顾国际时尚之都的时尚产业发展历程,都是在确定时尚产业的主导地位后,通过科学合理的产业规划,推动时尚产业的发展,才成为举世公认的国际时尚之都。宁波历来是全国的纺织服装大市,时尚产业的前端产业"服装产业、家纺产业、家居产业、文具产业"是宁波的重要发展产业,产业基础也较为深厚,产业链较为完整,宁波对这些重点产业已制定了一些规划,例如《宁波市纺织服装产业"十二五"发展专项规划》。但目前在时尚产业定位上,宁波较多局限于单个传统产业的发展定位,未从整体时尚经济发展的角度统一对这些潜力产业进行重点产业的定位和整体规划。

3. 宁波时尚配套产业体系已渐成气候,但国际化程度有待提高

巴黎、伦敦、米兰、东京和纽约的时尚配套产业体系完善。目前,宁波的时尚会展业、消费业和流通业已比较发达,宁波国际服装节国内外知名度较大,已渐成气候,每年都有近万名海内外服装业内人士参加,但参加品牌多以国内本土品牌居多,国际品牌参与较少,服装节国际品牌参与度不足 30%;宁波的时尚高端消费中心和城市时尚街区有和义大道、天一广场、万达广场和东部新城等时尚消费中心,未来宁波规划在梅山保税港区开发国际奢侈品一条街,但宁波目前还是缺乏有国际知名度的城市时尚地标和消费街区;宁波具有完善的城市集疏运体系和良好的供应链响应基础设施条件,但目前,宁波的服装、家纺等产业供应链响应效率低,时尚企业供应链管理水平亟待提高。

4. 宁波时尚产业基础扎实,但企业创意水平与品牌国际化建设仍有待提高

五大时尚之都时尚产业集聚效应显著,时尚产业链完善,国际品牌众多。目前,宁波服装、家纺等时尚产品的制造工艺、效率等均领先国内,可比肩国际水平,为众多国际时尚品牌作贴牌加工,例如申洲公司为 Adidas、Nike 做全球市场产品的贴牌生产。但是,宁波的时尚创意园区目前仅有和丰创意广场,创意产业园区集聚程度低;宁波本土拥有 20 个中国名牌、25 个中国驰名商标,品牌建设领跑全国,但宁波本土品牌销售范围基本局限在国内市场,极少品牌开拓国际市场,与国际品牌相比,在品牌知名度、品牌销售额等方面有很大差距。

5. 宁波时尚人才培养已有一定基础,但时尚高端人才培养力量薄弱

五大时尚之都均拥有优秀时尚创意、设计、研发人才及其培养机构。目前,宁波专业培养时尚设计人才、时尚营销人才的高校机构较少,仅浙江纺织服装职业技术学院有长期的服装设计、家纺设计、视觉形象设计和时尚买手等专业人才的培养,最新与英国相关院校合作成立了中英时尚学院,与雅戈尔集团合作成立雅戈尔商学院,为宁波时尚人才的培养打下了一定基础;宁波大学开设了时尚 MBA 项目,针对时尚管理人员的培养。但浙江纺织服装职业技术学院高职类人才的培养与宁波时尚企业急需的优秀设计师、时尚买手人才契合度差,与五大时尚之都的"世界设计师的摇篮"相比,宁波的时尚高端人才培养仍较为薄弱。

6. 宁波文化底蕴深厚,但宁波时尚文化内涵与特性提炼不够

国际时尚之都的时尚文化风格各异。宁波的时尚文化是有百年时尚历史的红帮文化,以精湛的技艺、上乘的质量、敬业的精神和良好的声誉为特色,将传统中式服饰与西式工艺进行结合。但宁波的时尚文化提炼度不够,宁波文化与外来文化的共性与特性提炼不清晰,导致时尚文化的传播推广面窄,因此,要让宁波文化随着宁波时尚产品走进国际舞台,仍需对自身文化进行精深提炼与宣传。

第六篇　宁波时尚经济发展典型产业研究

从宁波发展时尚产业的基础来看,我们认为时尚产业发展的重要前端产业是服装、家纺和时尚家居这三大制造优势产业,其中时尚家居包括家电、厨具和家具产业。这些时尚产业具备成为城市"新增长极"的良好基础条件和先发优势,宁波要把握机遇,实施市场导向和政府推动相结合的时尚产业快速提升策略。

一、宁波时尚服饰产业发展研究

(一)时尚服饰产业发展现状

1. 国内外经济市场环境分析

当前,世界经济形势总体朝好的方向发展,但不稳定和不确定因素依然突出,实现世界经济全面复苏仍然面临严峻挑战。伴随着外贸经利、人口红利的逐步减弱,中国经济已告别超高速增长期,进入稳中求进、提质增效的中高速增长新阶段。

"十二五"期间,我国纺织工业发展潜力仍然很大。从国际看,美、欧、日等经济体仍旧是我国纺织服装的主要出口市场,新兴经济体的需求潜力将进一步释放,这将有利于我国纺织工业开拓多元化市场;从国内看,"十二五"时期,我国将全面建设小康社会以顺应各族人民过上更好生活的新期待,国内消费者对纺织品服装消费需求将不断升级,国内市场对纺织工业的发展将提出更高要求。

(1)国际经济环境变化分析

2014 年低迷的国际经济环境尚未远去,欧盟、日本经济的持续低迷以及新兴经济体增速放缓,全球经济金融风险继续加大,贸易保护主义不断抬头,全球经济复苏不可能一帆风顺。面临金融危机以来外需持续不振的现状,出口压力并未彻底缓解。

首先是发达国家货币政策出现严重分化。美国方面,2014 年美国经济出现较强复苏态势,已经正式取消了 2008 年金融危机以来实施的三轮量化宽松货币政策。但美联储何时改变目前 0 到 0.25 的超低利率、启动利率正常化进程,从美国经济界到全球都高度关注。从美联储主席近期表态看,市场分析认为仍要保持充分耐心。

欧洲方面,近期欧洲央行宣布要量化货币政策,市场高度关注它的操作方式,所购买的标的物是什么。此外,欧洲已出现通货紧缩迹象,给全球经济带来不确定性。

其次,2014 年石油价格跌幅超过 50%,业界预测 2015 年油价仍在低位徘徊。与石油价格下跌同步,全球主要大宗原材料产品多是下跌态势,这对全球经济的影响值得高度关注。尽管对石油进口国来说,总的判断是利大于弊,但这也是双刃剑。

第三,地缘政治风险与经济金融风险高度叠加。乌克兰东部地区地缘政治冲突、欧美对俄经济制裁等,使地域经济和全球经济都受到重要影响。简单的制裁不能根本解决问题,但给全球经济增长埋下隐患。

第四,近年来支撑全球经济增长的新兴市场国家,出现了一定程度上的发展困难。特别是金砖国家在深化经济结构调整方面,面临着挑战。

(2)国内经济市场环境分析

从国内形势来看,随着城镇化进程的推进,城乡居民收入稳步增长,这将为中国纺织服装产品内需消费扩大提供重要的依据基础。中国国家统计局 2014 年 8 月 10 日公布的数据显示,2014 年 7 月份,全国居民消费价格总水平同比上涨 2.3%。其中,城市上涨 2.3%,农村上涨 2.1%;食品价格上涨 3.6%,非食品价格上涨 1.6%;消费品价格上涨 2.2%,服务价格上涨 2.5%。1~7 月平均,全国居民消费价格总水平比去年同期上涨 2.3%。7月份,全国居民消费价格总水平环比上涨 0.1%。其中,城市上涨 0.1%,农村持平(涨跌幅度为 0,下同);食品价格下降 0.1%,非食品价格上涨 0.1%;消费品价格下降 0.1%,服务价格上涨 0.5%。2014 年消费市场存在诸多有利因素。一是居民收入稳定增长,消费能力不断提升,农村居民收入增速连续5年超过城镇,为扩大消费提供了坚实的基础。二是热点消费加速形成,消费空间得以扩展。随着国家推出鼓励信息、养老和文化等消费促进政策,居民对信息消费、绿色消费、养老消费、教育文化消费和旅游健身消费等需求日益增加。三是新型消费群体已经兴起,消费潜力得到了一定释放,年轻群体改变了低消费、高储蓄的传统,将对消费稳定增长形成一定的支撑作用。但当前较快提升居民消费能力的难度不小,居民收入占国民收入的比重仍然较低,城乡居民收入差距依然比较大,特别是当前经济下行压力较大,企业生产经营比较困难,财政收入增速也在下滑。保持城乡居民收入继续较快增长的难度在增大,将对居民消费形成一定的制约。同时,部分消费热点拉动作用减弱、服务消费等领域供给不足、消费环境有待完善等都影响了消费需求的释放。

2. 中国服装市场现状分析

随着各项以稳增长、调结构为主要目标的调控政策的效果显现,国内经济保持平稳增长和内需市场消费能力逐步提高等因素都将有助于中国服装业的发展。但国际经济环境的萎靡导致服装出口优势有所削弱。

(1)服装出口增速下滑,优势削弱

海关总署发布2014年进出口数据快报,2014年我国纺织品服装出口1.83万亿元人民币,同比增长4.06%,增速较2013年有所回落。2014年1~11月,中国服装出口行业运行总体平稳,服装累计出口额1703.9亿美元,同比增长5.9%,增速较2013年同期下滑6.1个百分点。11月单月出口额148亿美元,同比下降1.32%。中国纺织品进出口商会相关负责人表示,2014年2月份以来,单月出口额同比在11月份首次出现下滑,主要原因是2013年同期基数较大,且由于季节性原因,11月份我国服装产品出货的高峰期已过,出口量有所下降。此外,由于2014年我国取消了棉花收储政策,棉花价格一路下滑,跌幅在25%左右,棉制服装出口单价随之下跌2.7%,出口总额下跌3.7%。

我国服装产品对欧盟出口419.2亿美元,增长16.1%,占比24.6%;对美国出口307.2亿美元,增长7.9%,占比18%。主要发达国家经济复苏,欧盟和美国等服装主要进口市场需求持续回暖。尽管如此,受日本采购重心转移和消费税提高的影响,从2014年2月开始,我国的服装产品对日本出口连续出现负增长,出口额为182亿美元,较之前下降了11.1%,占比

10.7%。由于 2014 年虚假贸易套利现象得到遏制,对中国香港出口同比持续下降,出口额为 79.6 亿美元,下降 16.6%,占比 4.7%。

与此同时,2014 年以来,我国服装产品对东盟出口持续下降,出口额 124.8 亿美元,下降 1.1%,占比 7.3%。其中,对马来西亚和新加坡出口额下降最明显,分别下降 21.9%、9.4%。2014 年 1~11 月对俄罗斯出口额 93 亿美元,增长 16.3%。由于近期卢布贬值,2014 年 11 月单月我国服装产品对俄出口出现大幅下降,下降幅度为 23%。此外,2014 年 11 月单月我国服装产品对墨西哥和韩国的出口额增长较快,分别增长 41.8%、29.3%;对哈萨克斯坦、巴拿马出口额下降较快,分别下降 14.8%、11%。

中国纺织品进出口商会提供的数据显示,2014 年 1~11 月,我国梭织服装出口总额为 705.9 亿美元,与 2013 年相比增长了 21.2%,出口数量增长了 25.6%;针织服装出口总额为 751.3 亿美元,下降 5.2%,出口数量下降 1.2%。其中棉制及丝制针织服装出口额持续下降,分别下降 16.7% 和 57.4%;毛皮革服装出口总额为 30.8 亿美元,同比增长 29.6%。

据了解,由于 2014 年我国取消了棉花收储政策,棉花价格一路下滑,跌幅在 25% 左右,下游产品价格处于下行区间。棉制服装出口单价下跌 2.7%,导致出口总额下跌 3.7%,总额为 597.3 亿美元。化纤制服装单价浮动不大,由于出口数量增长 17.1%,从而拉动出口总额增长 16.4%,总额为 671.1 亿美元。

此外,我国服装出口前五大省市中,广东、浙江出口额分别为 324.6 亿和 304.1 亿美元,同比增长 8.4% 和 4.6%,居前两位;江苏出口额 235.4 亿美元,同比增长 4.2%,居第三位;福建、上海出口额分别为 156.7 亿和 130.4 亿美元,分别增长 3.3% 和 0.7%,居第四位和第五位。湖南、贵州出口额增长较快,增幅分别为 187.6% 和 118.2%。吉林、山西出口额下降较快,降幅分别为 32.8% 和 60.8%。

(2)服装内销市场繁荣发展

随着收入水平的提高及消费观念的转变,时尚服饰逐步为大众所了解、热衷,大众时尚逐渐成为目前服装行业的主流趋势之一。所谓大众时尚就是以较为优惠的价格向大众消费群体提供紧跟时尚潮流、符合市场需求的服装、服饰。大众时尚的主要特征是:倡导顶级的设计、实用的材质以及平实的价格。目前我国大众时尚的发展呈现如下特征:一方面,随着社会的进步,时尚服装的追随者由以往的青年群体逐步扩大到中青年;另一方面,时尚潮流由经济发达一、二线城市向三、四线城市蔓延,并且差距越来越小。

国家统计局发布数据,2014 年 12 月,社会消费品零售总额 25801 亿元,同比名义增长 11.9%(扣除价格因素实际增长 11.5%,以下除特殊说明外均为名义增长)。2014 年全年,社会消费品零售总额 262394 亿元,同比名义增长 12.0%,实际增长 10.9%。其中,2014 年 12 月,服装鞋帽、针纺织品零售额 1467 亿元,同比增长 10.6%,2014 年全年服装鞋帽、针纺织品零售额 12563 亿元,同比增长 10.9%。

2014 年全年,全国网上零售额 27898 亿元,同比增长 49.7%。其中,限额以上单位网上零售额 4400 亿元,增长 56.2%。

按经营单位所在地分,12 月,城镇消费品零售额 22166 亿元,同比增长 11.8%;乡村消费品零售额 3635 亿元,增长 12.4%。2014 年全年,城镇消费品零售额 226368 亿元,同比增长 11.8%;乡村消费品零售额 36027 亿元,增长 12.9%。

2014 年网购规模突破 4000 亿元,同比增长 42.6%,占整体总额超过 23.1%;但由于网购单次购买消费价格较低,未来增幅将趋于平稳。数据显示,2013 年我国网络购物市场销售占比最高的品类是服装鞋帽,用户购买率达 76.3%。我国服装网购市场交易规模预计达 4349 亿元,同比 2012 年的 3050 亿元增长了 42.6%,占整个网购市场的 23.1%。女装是服饰鞋帽箱包网购中的最大细分品类,成交量占整体网购服饰鞋帽箱包约 40%,而男装占比不足 20%,表明女性是最重要的网购消费群体。消费能力最强群体——31～40 岁这一人群的"网购服装平均单价"最高,为 283 元;其中每月平均购买 5 到 10 次的用户占 34.7%,10 次以上的也有 13.2%。并且该年龄段用户还表示其花费在网购服装的总金额会越来越高。

(3)服装行业内部分级发展

1)服装企业已逐步向零售商品牌发展。服装品牌发展通常经历三个阶段,即制造商品牌阶段、产品品牌阶段和商业品牌阶段。国内不少服装品牌企业已经走过了前面的两个阶段,目前正处于逐步向商业品牌发展的阶段,如美邦、七匹狼和雅戈尔等服装品牌。也有不少企业通过自身对零售终端的投入和控制以及所积累的丰富零售管理经验,已逐步形成了专业品牌零售企业。如百丽国际和凌致公司,目前两家企业的年销售额超过百亿元。百丽国际 2013 年的年报披露,2013 年的销售规模已达 362.5 亿元。由此可见,国内更多的品牌服装企业正逐步向品牌零售商企业发展。

2)营销网络终端的品牌价值越来越为企业所重视。完善的营销网络是企业扩大销售覆盖面、增加产品销售、提升经营规模的重要基础。近年来,随着国内外服装企业连锁网络的健全、营销网点的增多，营销网络终端的品牌价值越来越为企业所重视。装修风格统一的营销网络终端亦逐步成为企业市场营销、品牌推广的重要渠道，借助终端品牌形象的宣传可以大幅降低公司的广告宣传费用，从而间接提升公司的销售业绩，例如，世界服装巨头ZARA便将终端作为最为主要的品牌宣传手段。

3)高效供应链管理的重要性日益凸显。以生产外包以及特许加盟建立营销网络为特征的经营模式目前已为越来越多的国内服装企业所采用。该模式有效推动了企业在资金规模受限的情况下实现了经营规模的迅速扩大，降低了经营风险，同时实现了整个产业链条的规模经济。但是，在这种部分设计及生产全部在外的经营模式下，要高效地协调和整合企划、设计、生产、物流、销售，从而快速地响应市场需求，把握服装行业的流行趋势，就对企业的供应链管理能力提出了较高的要求，高效的供应链管理能力对于企业而言越来越重要。

4)电子商务创新营销模式。电子商务与网络营销已对传统经贸方式和市场营销理论产生了强烈的冲击，成为未来世界经济发展的重要推动力和我国融合新旧经济交错发展、整合传统商贸方式与市场运行机制、转变经济增长方式的重要手段。随着其进一步发展，我国纺织服装业电子商务与网络营销也将会出现以下多种态势：(a)大电子商务产业链形成。大电子商务产业链的概念由中国B2B研究中心于2009年首创提出。其内在含义是指，在我国电子商务产业逐步成长为网络经济的主力军和B2C交易在产品质量、品牌知名度和售后服务等核心环节上远较C2C平台具有更大竞争优势，而有逐渐取代C2C成为网购第一主流平台的背景与发展趋势下，一种融合当今中小企业应用电子商务最广泛层面，包括平台、人才、会展、搜索、物流、第三方电子商务、软件、信息化、金融和第三方诚信评估等服务商在内的综合性大电子商务平台的产业生态集群。作为构成电子商务主流交易活动的纺织服装企业、网商、网货及其相应的电子商务与网络营销的战略与策略，势必会因这一新的态势和生态集群的产生而发生新的变化，并在大电子商务产业链的形成与不断演变的发展中，重新探寻自身的新定位与新发展。(b)国际化进一步发展。目前，中国的电子商务产业在经历了多年由定性模式向创新模式转变的艰苦探索中，已找到适合中国国情的发展之路，具备了开展国际电子商务的环境特征，形成了规模化、有序化、品牌化的网上市场体系，具备了和跨国商家对接的国际支付工具。2006年12月15日，中国互联网第一股网盛科技(2008年2月28日起更名为"生意宝")在深圳A股上市,阿里巴巴紧随其后在 2007 年 11 月 6 日在港交所上市(2012 年 6 月 20 日正式在港交所退市,2014 年 9 月 19 日在美国上市),成为震撼全国乃至世界的标志性事件。虽然我国大多数纺织服装企业目前都还没有上市计划,但随着国内创业板的推出和电子商务企业上市热潮的兴起,我国纺织服装企业已走出历史性的一步。中国电子商务产业做大做强的发展决策和电子商务网站的上市步伐,必将加快我国纺织服装业电子商务与网络营销的国际化进程。随着全球经济的逐步回暖和外贸需求的逐渐复苏,中国纺织服装业电子商务与网络营销的国际化发展已成为必然趋势。(c)纺织服装在"电商"地位日益突出。在电子商务与网络营销已成为不可逆转的趋势下,我国大多数传统品牌的纺织服装企业,已纷纷尝试在寻求解决网上与网下渠道利益冲突问题的同时,采用不同的电子商务模式来实现网上的多平台经营改进,仅淘宝网目前就有超过 5000 家传统纺织服装企业通过不同的形式实施了网上直销,而且这一趋势还在进一步扩大。另一方面,由于纺织服装产品是网上购买人数最多、销售额最高的商品,各电子商务网站都把纺织服装产品作为主流商品,既能为其业绩的增长提供新的动力,又能够与原来销售的商品产生协同效应,实现产品的多元化而扩大经营范围,取得规模经济效益。所以,目前淘宝商城、QQ 商城等第三方电子商务平台都把纺织服装作为重点行业进行招商推广,以数码家电产品为主的京东商城、以图书为主的当当网也已发力对纺织服装产品实施网销,就连原来只销售自己品牌纺织服装产品的凡客,也在 2010 年推出了"V+商城"来销售其他品牌的纺织服装产品。这两方面效应的叠加,使得纺织服装业在加速我国电子商务与网络营销发展中的作用与地位更为突出。(d)线上虚拟平台与线下实体平台逐步融合。对传统纺织服装企业而言,实施电子商务面临的最大障碍是线上与线下经营模式的"撞车"。不少传统纺织服装企业的网上销售规模都由此受到限制,其经营的产品也均以物美价廉的中低档为主,网店更多的是起到清理库存与换季商品的作用。有资料显示,目前我国服装零售线上与线下的比例在 3.5%～3.7%,而美国为 18%,韩国则高达 45%。因此,同一品牌的网店与实体店,在进货渠道、价格体系、考核体系和管理部门上存在两种不同模式的状况,已成为阻碍我国纺织服装企业做大、做强电子商务与网络营销的重要环节。企业对此的解决办法目前有多种,或三维虚拟试衣,或在线真人试衣,或在区域配送站周边设立产品体验中心等,这虽可在一定程度上弥补客户实际消费体验的不足,但终因技术不成熟或不能完美实现合体性等多方面的原因,并未能从根本上解决"线上"与"线下"的矛盾。

因此，随着电子商务服务多元化的发展，以及产业链上下游控制的内在需要，目前已逐渐呈现出线上电子商务平台向线下实体平台扩张的趋势，不少企业已将线下品牌声誉迁移到线上，实现品牌声誉的共享。同时又充分挖掘网络消费群体的价值，通过搭建自己的品牌网络社区，或向其他网络社区的营销渗透，提高对网络消费者的吸引力，以便有效地促进线上与线下良性互动的新型营销体系的形成。(e)资本日益青睐纺织服装电商。2010 年 10月 26 日，中国服饰电子商务企业麦考林在纳斯达克正式挂牌交易，标志着我国首家 B2C 电子商务企业成功上市，麦考林跃升为中国 B2C 第一股。其他纺织服装电子商务网站也受到了风险投资的青睐，如凡客获得了一亿美元的融资，梦芭莎(Moon Basa)在短短一年内分别获得 2000 万美元和 6000万美元的两轮融资。此外，一些依托淘宝网成长起来的个人卖家品牌，如七格格、裂帛等，也受到了资本的追捧。资本的进入将对纺织服装电子商务的经营方式产生巨大影响，风险投资非常看重发展速度，纺织服装业高投入、快发展的互联网经营模式将会被更多地注入这些网站中。

未来纺织服装产品的电子商务将会随着全球电子商务市场的发展向着进一步细分化、个性化和精准化的方向演变，自建专业网站将会被更多的纺织服装企业作为网络营销的策略加以运用。电子商务所引发的按需定制式生产、销售和消费的新浪潮，将会进一步使先天就具有个性化、定制化和特定细分市场特征的纺织服装电子商务得到长足的发展。随着中国网民网上购物潜力的完全释放和更加简单易行购物平台的不断诞生，网上购物的门槛将会越来越低，我国纺织服装业的电子商务与网络营销也会继续保持高速发展的态势。

5)文化创意产业发展提高行业发展质量。纺织服装产业发展到现在，竞争越发激烈。要在这场战争中取得胜利，在技术跟上的同时，最少不了的就是创新，不只是产品的创新，还有终端渠道的创新等。国家正在制定一系列支持政策，大力发展文化创意产业，培育研发设计、创意广告咨询等生产性服务业，促进文化创意与制造业融合发展。纺织行业实现制造向创造转型，可以更好地利用社会资源，提高制造业两端的研发设计、管理营销能力，提高自主品牌的影响力。

值得一提的是，宁波也在创意产业的发展上加大了力度。创意设计产业是宁波市重点培育的八大战略性新兴产业之一。根据这一行动计划，从产业发展现实出发，宁波市将以工业设计、广告传媒和建筑装饰设计为重点发展领域，力促电子电器、汽车及零部件、装备制造和医疗器械等工业产品的设计与开发,推动新媒体的广告策划、创意、设计及制作,打造智能化家居、公共空间室内设计等设计集成。宁波市将逐步形成设计系统产业链,提升设计附加值。到 2015 年,争创 2 个国家级工业设计中心、50 个省市级工业设计中心,建设纺织服装和家电协同创新中心各 1 个,达 5 亿元的装饰设计工程企业 10 家,达 1 亿元的广告传媒企业 8 家。

综上所述,2014 年服装行业面临的外部环境总体仍好于上年。国际市场虽仍然低迷,但并未显现出明显恶化的趋势,外需环境较上年相对平稳;内需市场基本面依然良好,且随着各种宏观调控措施的落实及市场信心的稳定,内销增长速度仍有稳步提升的空间;服装行业结构调整与转型升级继续推进,将加强行业发展的内在动力,支撑行业克服外需、原料和成本等各种压力因素。服装行业经济发展因此也具备继续保持平稳增长、增速逐月逐季提升的内外条件,预计产销、效益增速都将保持稳定增长,增速将高于上年同期水平。

预测在 2015 年,需求方面,行业需求增速的变化将继续呈现"外升内降"的走势,内需将维持弱势,外需有望弱势复苏;供给方面,未来行业新增产能可控,但下游服装行业仍然面临较大的去库存压力;竞争方面,虽然国内要素成本高企,但短期内纺织行业全球领先的出口竞争力仍将持续。而在电商冲击下短期内服装行业竞争将进一步加剧;成本方面,在库存高企、供应宽松和政策变化的影响下主要原材料棉花价格有望下跌,或带动纺织企业成本压力小幅缓解。而短期内服装行业渠道成本整体仍将呈上升趋势;财务方面,2015 年纺织服装行业收入及利润增速或将回落,受益于原材料价格的降低,纺织行业利润率或小幅上行,而在渠道成本高企、库存压力较大和电商冲击等因素的影响下,品牌服装行业利润率将承压。总体而言,2015 年时装行业需求难以获得大幅提振,但行业总体竞争格局平稳,原材料成本的低位运行有助于支撑行业保持相对平稳的运营状况及景气度。

(二)"十二五"期间宁波纺织服装产业运行质量分析

宁波服装拥有一大批知名的服装企业和品牌,综合实力特别是男装综合实力居全国同类城市之首,已形成了以西服、衬衫生产为龙头,集针织服装、羊毛羊绒服装、童装和皮革服装之大成的庞大产业集群,并呈现出品牌多元化、市场国际化发展趋势,具有较强的国际竞争力。目前,宁波的时尚产业正在经历启蒙时期,而完整的周边产业支撑及相关时尚产业配套、完善的相关时尚服务业及各种专业人才的集聚,再加上一些有影响的本土品牌及全球部分世界顶级品牌的合作,都给宁波时装产业的发展、集聚提供了良好的基础。

2014 年在国际竞争加剧、内外棉价差过大,国内经济下行、消费需求不足,环保压力加大、生产成本上升等多重问题制约下,宁波纺织服装行业总体承载着较大的发展压力,经历了复杂多变的形势。在一系列不利影响因素和严峻形势的倒逼下,积极应对和化解各种风险挑战,宁波纺织服装行业表现出较强的内在提升动力,经济运行指标和运行质量均趋向良性态势,全年基本实现了平稳发展。

1.“十二五”期间宁波纺织服装行业运行概况

根据宁波市统计局和宁波外经贸局的数据,2013 年全市 934 家规模以上纺织服装企业累计实现工业总产值 1123.62 亿元,同比上涨 0.79%;工业增加值(现行价格)244.95 亿元,同比-1.13%;主营业务收入达到 1082.23 亿元,同比增长 2.01%;利润总额达到 57.66 亿元,同比增长 5.59%;累计完成出口交货值 397.30 亿元,同比下降 0.47%。全行业从业人员 244274 人,同比减少 3.83%。从业人员继 2011 年、2012 年持续减少,减少幅度收窄。宁波市纺织服装行业规模以上企业主要经济指标表详见 6-1。

表 6-1 2013 年纺织服装行业规模以上企业主要经济指标

指标名称	单位	全年累计	同比(%)
企业单位数	户	934	
资产合计	万元	11691418	2.08
工业总产值	万元	11236246	0.79
工业增加值	万元	2449521	-1.13
工业销售产值	万元	10821041	0.21
主营业务收入	万元	10822300	2.01
主营业务成本	万元	9358039	1.9
利润总额	万元	576633	5.59
出口交货值	万元	3972999	-0.47

资料来源:宁波市统计局。

2.“十二五”期间宁波服装产业发展特点

(1)行业整体运行平稳,规模以上企业温和增长

2013 年,我国纺织服装出口整体实现平稳较快增长。海关总署数据显

示,2013 年全国纺织服装出口 2839.9 亿美元,比 2012 年增长 11.4%,其中纺织品出口 1069.4 亿美元,增长 11.7%;服装出口 1770.5 亿美元,增长 11.3%。2013 年国内很多服装企业由前几年的高速增长期进入温和增长期,特别是大型服装企业业绩基本无增长,就算增长也是在 5% 以内。2013 年,宁波纺织服装行业主要经济运行指标多数增速较上年有所提升,个别指标尽管未能增长,总体上表现为规模以上企业进入温和增长期。

(2)行业收入小幅增长,盈利能力小幅回升

2013 年宁波纺织服装产业全年营业收入总计 1118.22 亿元,同比上升 1.47%;营业成本总计 968.84 亿元,同比上升 1.23%;销售费用总计 32.36 亿元,同比上升 4.27%;管理费用总计 52.90 亿元,同比上升 7.40%。宁波纺织服装产业的收入小幅增长,销售费用和管理费用上涨的幅度大于收入增长的幅度,表明企业依然面临经营管理销售的压力。

从盈利能力来看,2013 年纺织服装产业盈利能力整体上升,细分行业看,子行业盈亏共现。纺织业在上年盈利的基础上有较大上涨,化学纤维制造业在上年亏损的基础上继续亏损,但亏损幅度减少,而服装业各项盈利能力指标均同比下降,但其净资产利润率依然最高。

从利润方面分析,2013 年宁波纺织服装产业的利润总额、利税总额在 2012 年大幅下滑 25.19% 和 17.47% 的情况下出现增长,分别同比增长 5.59% 和 6.54%。

(3)市场结构调整继续,外销转内销成效依然

2013 年纺织服装外贸企业调整市场结构、转型国内市场的动作持续。整个行业内销数据增长、外销数据下降显现着宁波纺织服装企业结构调整成效依然。2013 年宁波市规模以上企业共实现销售产值 1082.10 亿元,其中实现内销产值 684.80 亿元,内销产值占销售总产值 63.28%,比 2012 年 63.03% 略有增加。出口交货值 397.30 亿元,同比下降 0.47%。

(4)科技研发投入加大,自主设计渐显优势

2013 年,宁波市规模以上纺织企业用于科技活动经费支出 99788 万元,同比增加 5.85%,新产品产值同比上升 5.70%;而购置技术成果费用 639 万元,同比下降 41.13%。表 6-2 是宁波纺织服装企业获科技进步奖情况。

随着宁波服装重新重视内销市场,重视品牌运营,一大批男装、女装和童装品牌崛起,宁波服装正在构建起新的优势。宁波的男装原创品牌有 GY、GXG、魔法风尚、帕加尼、唐狮、博洋和 INTREX 等,女装原创品牌有太平鸟时尚女装、SV、ESBACK、德玛纳、乐町和 ONE MORE 等,童装品牌有

爱法贝、杉杉童装、小虎帕蒂、MQD、芭比乐乐和春芽子等。这些品牌拥有
了从设计、生产到线上线下销售的完整产业链,在前端的服装设计和后期的
市场销售、形象策划、品牌经营等方面都拥有了人才团队和合作资源。宁波
服装产业正逐步确立起自主设计优势。

表 6-2　宁波纺织服装企业 2012—2013 年度获各级各类科技进步奖统计

序号	项目名称	获奖单位	获奖等级
1	HP 全自动电脑横机关键技术研发及产业化	宁波慈星股份有限公司	2013 年度中国纺织工业联合会科学技术奖一等奖 2013 年宁波市科技进步一等奖
2	洗毛用主要功能助剂及品质检测系列仪器的研发	宁波检验检疫科学技术研究院、宁波纺织仪器厂、利华(宁波)羊毛工业有限公司等	2013 年度中国纺织工业联合会科学技术奖三等奖
3	利用废聚酯类纺织品生产涤纶短纤维关键技术研发及产业化	宁波大发化纤有限公司	2012 年度中国纺织工业联合会科学技术奖二等奖 2012 年宁波市科技进步三等奖
4	高支纯棉织物 DP 免熨形态记忆功能关键技术研发及产业化	雅戈尔集团股份有限公司	2013 年宁波市科技进步二等奖
5	高效环保洗毛剂、洗毛检控技术装备集成创新及其产业化	宁波检验检疫科学技术研究院、利华(宁波)羊毛工业有限公司、宁波纺织仪器厂等	2013 年宁波市科技进步三等奖

(5)时尚发布活动增加,时尚活跃度上升

由于世界金融危机对经济实体的强烈冲击、海外大牌时尚企业转战内
地市场等因素的影响,时尚行业的国内竞争环境愈加激烈。为了在竞争中
立足,国内时尚企业纷纷开始转型升级,从传统产业向时尚创意产业转型,
从传统管理模式向信息化管理模式递进,中国时尚行业正迎来前所未有的
发展机遇和挑战。

服装的最大特点是引领潮流,它需要展示。在展示过程中表现色彩趋
势,展示款式趋势,展示潮流方向。近年来宁波市通过鼓励创意设计产业发
展,鼓励品牌建设和拓展国内市场,建设和丰创意广场、三厂创意街区等多

种办法,把宁波打造成国内时尚发布中心城市之一。打造"时尚发布中心城市"已成为宁波众多服装企业的共识。

2013年第十七届宁波国际服装服饰博览会、中国新锐设计师走进宁波、2014/2015秋冬流行面料趋势展示、2013中国服装论坛、中国服装大赏、"海阔宁波"——中国服装年度品牌巡演、中英大学生协同创新原创设计发布会、时尚品牌流行趋势发布以及杉杉童装杯首届宁波童模大赛总决赛等主要的40多项活动,彰显了宁波服装引领时尚潮流的实力。时尚发布活动的增加,对于提升宁波品牌服装的影响力和整个宁波服装的时尚活跃度来说,都是很有促进意义的。宁波成为国内时尚发布中心城市之一渐行渐近。

(6)电商由"打折平台"变为重要的"销售渠道"

服装电子商务在打造产品的知名度、提高消费者对产品的认知度以及建设品牌的口碑等方面有着得天独厚的优势,尤其是在营销形式愈加多元化的今天,消费者对网络营销平台、网络广告的接受度也大大提高,网络营销正作为一种新的生活方式逐渐得到越来越多的关注。近年来宁波市大力加强对服装电子商务的投入,利用电子商务平台强大的市场导向能力和营销能力,推动企业转型升级。服装电子商务这一全新模式大大提高了宁波服装企业的营销能力,为企业带来了实实在在的利润。2011年以来,宁波市大力加强对服装行业电子商务的投入,拨出1240万元专款扶持。宁波还荣获了2011年度"中国服装电子商务最佳示范城市"称号。以博洋、太平鸟、GXG、雅戈尔、杉杉和罗蒙等品牌为代表的宁波服装纷纷"触网"。

2013年的"双十一",博洋集团的服装服饰、家纺品牌创下一天销售1.2亿元的纪录,宁波男装品牌GXG销售额达8773万元,这些都给宁波服装企业极大的启发。从2007年抢做电商的"快时尚"企业开始,到2013年电商已成了宁波服装界的"流行词",各种类型的服装企业利用网络来获取市场、技术等经济信息。在兴办实体店销售的同时,发展电子商务进行网上销售成为宁波服装不可阻挡的时代潮流。

2014年2月27日,"宁波电子商务城"的开城,标志着立足宁波市纺织服装行业创新项目、借助互联网和信息技术建设"宁波市纺织服装创新云平台"、打造"全球领先的纺织服装产业互联网创新中心"的局面正式形成,开创了纺织服装电商新局面。

3. 时装产业初期发展

中国的纺织服装业由传统制造业向现代时尚业转变,在扩大内需的过程中建立中国时尚话语权,是大势所趋。设计是服装的第一大要义,是提升中国时尚话语权的必要手段。在新的经济形势下的企业转型、品牌升级,对服装的设计提出了更高的要求,而形成一个相对完整的、以雄厚产业基础为后盾的服装设计体系,将对一个地区的服装行业发展起到巨大的推动作用。

在纺织服装价值链上,公认的利润分配结构大致是:营销占 50%,设计占 40%,生产占 10%。作为中国服装产业重镇,宁波服装的制造能力毋庸置疑,但随着国内外经济形势的转变以及行业转型升级的趋势,宁波服装的设计短板开始拖累当地产业的持续提升。宁波是服装制造大市,但创意设计一直是宁波纺织服装业的"软肋"。在近年来的产业转型升级中,宁波市政府加大了扶持力度,把重心集中在服装产业转型发展所需的创新要素的整合上,着力突出创意设计的提升。

(1)政府服务建平台,政策支持引人才

为加快推动纺织服装产业转型升级,宁波市出台的《加快推进产业升级行动纲要》中,纺织服装产业被确定为全市产业升级重点工程之一。宁波市委、市政府提出要"着力提升"纺织服装产业,走向产业链两端——品牌营销和研发设计延伸的转型升级之路。

为鼓励企业引进高端人才,市委办、市府办先后出台了一系列规范性文件,高度重视创新型领军和拔尖人才引进培养。同时,市人才办组织有关部门积极实施人才重点工程培养,推进"4321"人才培养工程,继续举办国家、省、市人才培养人选的香港高级研修班。还明确了对引进人才的购房安家补助、柔性引才生活补贴、工作津贴补助和家属就业安置等方面的政策,鼓励企业引进培养优秀人才和紧缺人才。

此外,宁波市还专门设立了和丰创意广场,鼓励设计人员、设计机构落户创业。通过设计师与用人企业面对面的零距离洽谈,提高合作的可能性。跟进服务,帮助企业和设计师解决一些合作配套资源方面的问题。

(2)时尚新品牌

服装业是宁波最有特色和影响力的产业之一。"宁波装"与宁波港、宁波菜、宁波景一起已成为宁波的四大名片。这几年来,宁波服装业时尚化程度不断推进,借力国际化的力量,与创意设计产业互动,涌现了一批时尚品牌,推动宁波由服装制造基地向时尚之城提升。ER、Mildtree、T&W、乐町、GY、果壳、INTREX、ONE MORE、魔法风尚、GOLDEN、S2……这些都是宁波企业创设的品牌,而且是最近 3 年内开始启动运作的品牌。如今,它们也开始登上宁波国际服装节的 T 台,演绎品牌的风采和独特的魅力,成为宁波服装的新生力量。大批新生品牌的涌现,将使宁波服装在未来几年充满活力。

中国服装协会副会长、中国服装协会产业经济研究所所长陈国强认为,在良好的产业制造基础的支持下,宁波有望借力国内外的时尚资源,涌现出一批具有较大影响力和市场占有率的服装品牌,推动宁波迈向国内时尚发布之城。宁波服装加工制造业非常发达,而且积累了知名度和影响力,因此宁波可以借助北京、上海、广州和深圳等国内一线城市乃至米兰、巴黎和伦敦等国际时尚城市的设计资源、创意力量、渠道资源和品牌传播机构,通过市场化的手段对其进行组合,从而提升宁波时尚品牌的运作水平,打造出一批与国际潮流同步的时尚品牌。

(3)设计创意寻突破,转型升级上台阶

2013年第十七届宁波国际服装节,把重心集中在宁波产业转型发展所需的资源要素和创新要素的整合上,着力突出国际国内市场拓展和创意设计。多年来,中国时尚同盟就一直在为宁波的服装产业升级贡献力量,从宁波服装节的舞台上也涌现出了一大批优秀的设计人才。优秀的设计人才为宁波服装产业的良性健康发展注入了新鲜的时尚血液。2012年,有11位设计师与中国时尚同盟合作,在宁波国际服装节上展示自己的作品。2013年,阵容扩大到了18位。

宁波服装一直以正装(衬衣、西服)和外贸为主,对设计方面的需求相对会少一些。近些年外贸的比重在下降,一些外贸企业逐步转向内销,它们瞄准的目标往往是女装和童装,这就对设计提出了新的要求,需要大量的设计人才。与中国时尚同盟的合作肯定会对此有所推动。服装种类的百花齐放,将进一步改变宁波服装产业的原有格局,也将给创意设计产业带来新的机遇。宁波国际服装节与中国时尚同盟合作打造的设计师平台,新锐设计师田小田与宁波裕人针织的合作,就是宁波服装企业与中国时尚同盟签约设计师合作的一种有益尝试。

(4)本土品牌凸显设计力量

一些外贸企业逐步转向内销的过程中,由于其瞄准的目标往往是女装和童装,于是企业自发的"灵光"悄然闪现。在第十七届宁波服装节上,提花、绞花、圆领、鸡心领……密密麻麻挂了三排宁波诺布尔制衣实业有限公司1000多款自主设计的羊毛(绒)衫。宁波诺布尔制衣实业有限公司10多人的设计团队从打样起家,如今已成长为经验丰富的"羊毛衫专家"。这家年产值超两亿元的浙江羊毛衫生产龙头企业,已经牢牢掌握俄罗斯高端服装品牌 Henderson 的设计主动权。

宁波康楠服饰有限公司董事长张国萍情系服装设计,有几十项设计专利,并在首届宁波女装品牌优势评选中获得"最具潜力大奖"。

雅戈尔 GY、牧高笛、Anjaylia、麦中林、MAXWIN 等时尚品牌及 IN-TREX 中英大学生原创设计发布会在 2013 年第十七届宁波国际服装节上的发布活动,凸显了品牌的创意设计理念,也推进了宁波服装制造大市向服装设计强市的转变,进一步弥补了宁波服装创意设计的短板,提高了宁波服装行业及服装品牌的设计理念、风格和品位的前沿性。

(5)本土"高端定制"方兴未艾

十年前,全手工私人定制服装店开始在宁波出现,有的设在五星级酒店,有的则落脚三江口等黄金地段。而如今,越来越多的中外老字号在宁波开店。根据宁波市服装协会的初步统计数据,目前全大市有 30 家左右这样的店,主要是定制男士西服,裁缝也主要是来自奉化等地的红帮裁缝。定制店顾名思义,就是专门为客人纯手工定制西装、西裤和衬衣,客户基本也以高端客户为主。

近些年来随着持续的出国热以及宁波的不断国际化,旗袍在出国留学生和来甬外国人中也非常流行。旗袍定制越来越受消费者欢迎。

名人效应引起的高度聚焦,揭示出中国高级定制消费市场的巨大需求,物质的富足促使人们对生活方式提出更高要求,高级定制的价值得到认可。

其实,在名人效应之前,中国的高级定制产业早已存在。定制企业很多,定制品牌却不多,婚纱、礼服、西装、职业装统统都能做,高端与否的分水岭并不清晰。2013 年以前,那些产量很小、售价很高的设计师品牌,几乎都自发或被动地归于高级定制的行列;专门做服装定制的加工企业,则与"高级"还有一段距离。

1)高级时装

在这片新兴的土地上,早在名人效应之前,高级定制时装就不断涌现,张肇达、郭培、刘薇、祁刚等一批中国本土服装设计师都举起高级定制的旗帜,将中国服装设计推上新台阶。近两年,NE·TIGER 的高级华服秀、王燕喃的 TANYA Couture 高级定制、许茗高级定制、张京京高级定制等发布会不断出现在中国国际时装周的舞台上,撑起了中国高级定制产业的新局面。

名人效应引起的高度聚焦,揭示出中国高级定制消费市场的巨大需求,物质的富足促使人们对生活方式提出更高要求,高级定制的价值得到认可。同时,中国深厚的文化底蕴和丰富的手工艺技艺,也为设计师带来大量灵感,而且中国工艺师的薪资与国际水平相差悬殊,为中国高级定制时装带来极大的价格优势。

宁波纺织服装作为传统优势产业、地方经济支柱产业和领先全国的时尚产业,继续对发展宁波经济、促进劳动力就业和社会稳定发挥着重要作用,也继续为巩固和提升我国纺织在世界上的竞争优势做着贡献。宁波的量体裁衣历史悠久,高级定制时装有着深厚的民间基础,虽然历史短暂,处于起步阶段的中国式高级定制却有着较高的起点和良好的市场前景。

2)成衣品牌

成衣品牌是定制产业的中坚力量。目前,服装企业中拥有 3 种定制方式。第一种是成衣化的套号量体定制,也就是说,企业每年推出一系列有主题的成衣设计,顾客来挑选适合自己的。第二种是根据顾客的特殊体型或者一些活动的需求而定制,这具有专属性,也属于高级定制。第三种是尊享高级定制,即全程打造顾客一年四季的日常生活、出访、社交活动等着装,这也是九牧王、七匹狼等闽派服装企业的高级定制业务内容。

本土高级定制的更上一层楼,离不开行业推手。在 2013 年 3 月的中国国际服装服饰博览会上,主办方专门开辟了高级定制区,新、老高级定制品牌得以验明正身,6 大男装高级定制品牌在展会中脱颖而出,巩固了本土高级定制产业的根基。其中就有一家是宁波的男装品牌雅楚。宁波雅楚服饰有限公司是一家专业生产男女呢绒大衣和呢绒纺织品的公司,成立于 2001年,建立了从纺纱织布到成衣的一条龙生产线,下属服装、纺织和家纺部门。公司主要生产中高档羊绒、兔绒和羊毛等原料的大衣、夹克和休闲西服等,年产大衣 10 万套和羊绒面料 60 万米,服装产品主要出口销往北美和欧洲。

繁荣的市场、稳定的秩序、悠久的文化历史、与国际社会交往的日益频繁等,都是高级定制在中国发展的源泉,也是在宁波的发展源泉。无论是高级定制时装,还是高级定制成衣,如果能抓住机遇,中国可能与国际时尚业站在同一平台上进行对话交流,同时也能取得高级定制产业所创造的高昂附加值,摆脱加工大国的单一面貌。

作为欧洲皇家贵族服装定制百年老店,"亨利百利"除了拥有一大批皇室、官方客户外,还与迈克尔·杰克逊等世界知名人士有过长期合作。2014年 4 月,英国亨利百利的裁缝们要来宁波,目的就是要开家西服高端定制会所。他们看中的,不仅是宁波本身就有的红帮裁缝底蕴,还有宁波人强大的购买力。

面对生意越变越好的定制服装店,宁波正在谋划打造一条服装定制专业街，类似英国的萨维尔街；成立服装协会定制服装分会，让同行们有更多交流。

当然，宁波发展除了缺乏买手外，相关法律、标准不完善，对高质量、高水平面料的渴求，没有真正意义上的高级定制客户群，高级定制运作体系不成熟，缺少专业的单品艺术作坊等因素都是宁波高级定制产业发展的瓶颈。

（6）"产学研"助力宁波时装产业新发展

宁波服装产业的发展必须充分发挥产业集群优势，提高企业、行业、高校和政府之间的协调程度，实现宁波服装产业集群的整体升级。

1）产学研技术创新联盟显成效

2010年4月，由市政府搭桥，浙江纺织服装职业技术学院牵头，雅戈尔集团股份有限公司等宁波42家纺织服装龙头企业与国内纺织服装技术领域实力较强的高校、科研机构等强强联合成立了宁波市纺织服装产学研技术创新联盟。联盟成立以来，获得各类发明专利授权1823项，承接市级以上科技项目97项，建设工程技术中心10个，建设高新技术、科技型企业4家，获得宁波市科技进步一等奖2项，成功举办了"中英纺织服装产学研合作论坛"，组织宁波9家服装企业到英国与英方企业及高校进行合作洽谈，将英方高校具有世界一流水准的服装创意、品牌和工艺等教育资源引入宁波企业，致力于打造国际级的纺织服装创意设计培育平台。

2）校企同筑国际化服务平台

服装业的国际化发展，需要建立能够及时提供国内外行业信息，在行业、企业和高校间发挥桥梁作用的高水平服务平台。2012年，浙江纺织服装职业技术学院、宁波市纺织服装产学研技术创新联盟和英国大使馆文化教育处共同成立了中英纺织服装设计中心。

中英纺织服装设计中心，汇集了英国伦敦时装学院、南安普敦索伦特大学等12所英国院校以及浙江纺织服装职业技术学院的优秀设计师团队，为纺织服装企业提供针织、梭织、毛衫、皮草、配饰和家纺等的多门类产品设计服务。中心成立以来，在行业信息沟通、技术服务和人才交流与培养等方面都起到了显著的推动作用，中心与英国伦敦时装学院、诺丁汉特伦特大学等12所英国纺织服装院校及多所设计机构合作，向着高等学校服务地方经济发展，为宁波纺织服装产业由传统产业向时尚创意产业延伸发展做出积极贡献的终极目标不断努力。

(三)时装企业时尚发展水平分析

1. 时尚品牌要素

国际时尚品牌是国际时尚之都的核心竞争力,品牌的影响力决定着时尚潮流的话语权。五大国际时尚之都的时尚产业都具有自己的特色,都有一批代表性的世界级品牌,构成其时尚之都的核心专业条件。伦敦拥有Burberry、Alfred、Dunhill、Radley 等多个国际知名品牌,是公认的男装中心,其男装技术最为领先;米兰和巴黎则拥有 Giorgio Armani、PRADA、Channel、Hermes 等众多奢侈品牌,巴黎以优雅的高级女装著称,强调时装的艺术性,米兰是公认的成衣之都,众多品牌为大家所熟知;纽约的 Coach、CK、DKNY 等品牌畅销各国,出色的便装和运动休闲风格,被众多消费者所喜爱;三宅一生是东京的品牌骄傲,东西交融、风格稳定是东京时尚品牌的特点。其次,通过时装品牌的设计知名度,巴黎的珠宝和香水、伦敦的瓷器、纽约的个人护理用品、米兰的皮具和家具、东京的生活用品均被称为当地城市的招牌。宁波时尚品牌正在萌芽阶段,呈现出童装品牌势头迅猛、男装保守、女装品牌成长成熟、户外服装特色独具的特点。

(1)童装品牌势头迅猛

国家统计局发布的《2012—2015 年童装产业报告》显示,童装产业产值年增长率可达 25%至 30%,预计到 2015 年,中国婴幼儿服饰棉品和日用品市场容量将达到 2279.8 亿元。而"二孩"政策的逐步放开、落实,更为童装市场的发展带来新动力。据国家卫计委预计,该政策将会在未来数年带来每年 150 万~200 万的新增出生人口。目前中国人口已经开始呈现老龄化,人口数量在逐步递减;而另一方面对于儿童的投入却在逐渐增加,这个时候开放二孩对市场是非常有利的。童装市场规模会因为二孩的出生而膨胀,届时儿童的人均季节的消费力会提高三倍左右,市场前景可观。宁波童装品牌也在初步形成品牌扎堆发展的阵容,已有自主品牌童装企业 20 多家,主要有以下品牌。

1)一休童装

一休童装创建于 1998 年,作为 20 世纪 90 年代中国童装业的成功拓荒者及民族童装业迈向世界的先行者,其撑旗的系列品牌风格明显,经营成功,享有较高的市场占有率和影响力。一休系列品牌紧随国际流行趋势,创造富有审美情趣和蕴含独特儿童文化内涵的童装、校服和床上用品;同时亦以使用新型面料及优良制作而闻名。就设计风格而言,它们既不潮流亦不传统,两者之间的结合使设计师相信服装的质量更甚于款式更新。

以日本民间传说人物一休和尚的名字最先注册的一休品牌赋予了品牌更深的含义:睿智、灵气、正义。一休品牌现已是中国销售最大的民族童装品牌,这一品牌充分显示了设计师的天赋和个性张扬,尽管该品牌内容涵盖面较广,但质量和款式是该品牌永恒关注的焦点。一休品牌的童装每件都出自设计师的精心设计,具有广泛的可配套性,这使得单件组合成了它的又一风格特性。

2)杉杉童装

宁波宝源服饰有限公司成立于 1995 年,2002 年初,公司通过引进外资600 万美元,创立"杉杉童装"品牌,是一家以"杉杉童装"为品牌的国内营销管理公司,隶属杉杉集团品牌特许经营企业。公司秉承"让儿童生活更具风采"的品牌理念,以创中国儿童第一品牌的雄心与壮志,为中国的少年儿童开发健康时尚的服饰产品。

在产品内销经营道路上,公司依靠产品设计、品牌形象、特许和自营相结合的经营模式,推行以北京、上海为制高点,以长江流域为主体、华北华南为两翼的市场推进策略,全面推行高举高打、中调发展的市场战略,采用高低兼顾的差异化经营,以自营、代理、加盟、联营、托管和量贩等多种营销方式并举,多层次进行销售通路建设,抢先占领高档品牌目前尚无法大面积渗透到的中等城市,以取得良好业绩。

杉杉童装在款式与色彩运用方面将国际流行趋势与中国儿童特点相结合,并以欧式时尚风格表达少年儿童自然、自信、青春和自我的生活气息。产品定位中高档,价格适中,迎合国内大众化消费,年龄定位中大童(90～160cm)。

FIRSKIDS 杉杉童装,作为首批中国驰名商标"杉杉"品牌的延伸,是杉杉集团在服装板块的一次企业战略转型。目前已拥有 FIRSKIDS 杉杉童装、FIRSBOY 小杉哥以及杉杉校园服饰三大品牌。经过多年的发展,已形成内销、外贸和校服为主导的企业经营格局。杉杉童装被浙江质量技术监督网和浙江推荐产品服务中心评为"浙江优质推荐产品",并多次在《中国服饰报》北京亿元商场销售排行榜上占据前十名,已成为中国最为知名和最受消费者欢迎的本土童装品牌之一。

杉杉童装作为行业的领军品牌,十多年来厉兵秣马,在产品、营销和服务等方面下足功夫,特别是在服装品质与设计上下足功夫,在市场上得到了广大顾客的认可与支持。

3）Alphabet（爱法贝）

宁波百慕国际贸易有限公司又名宁波华伦瑞泰服饰有限公司，是一家综合型的年产值近 5000 万美元的外商独资制衣企业。2007 年 9 月，位于科技工业园区的新建工业园区正式启用。新的生产基地集针织、梭织于一体，占地面积达 50000 平方米。公司本着"让普通人做非凡事"的经营理念，充分尊重员工价值与创造力，率先在同业中执行 SA8000 标准，推行全员 ISO9000、2000 及 5S 管理体系，并与多家国际知名企业形成战略合作关系。作为 Alphabet（爱法贝）的母体公司，百慕国际贸易有限公司以经营外贸业务为主，产品远销美国、欧洲市场，公司 2006 年的业务额达到 5 亿元人民币，被评选为宁波市 2006 年度工业企业 32 强。

旗下经营 Alphabet 童装品牌，属于法国 Zannier 集团。Zannier 集团是世界童装业的先驱，自 1962 年成立以来拥有多个知名品牌及童装生产销售权，成为法国最大的童装公司。Zannier 集团是欧洲知名的服装生产和销售公司，在全球的高级童装市场占有领先地位，产品远销 120 个国家和地区。Alphabet 注重自然、舒适和童趣，强调童年是一次旅行，突出与自然的融合和童趣。系列的设计灵感都来源于自然，风格流畅、随意、清新。Alphabet 的吉祥物是两只可爱的小老鼠爱尔法和贝它，它们生长于 Britagne 的清风绿野间，带着欧洲的质朴、可爱和诙谐于 2006 年 6 月 6 日来到中国，一直保持着恒定的风格、顽强的生命力和勇于探索的精神。品牌理念：童年是一次旅行；品牌定位：一流的品位，可靠的品质，适中的价格；市场定位：2～14 岁都市儿童；尺码：90～160cm。目前爱法贝品牌已进入全国 250 多家商场、超市，在宁波众多童装品牌中，其全国的市场占有率已排名第一。

4）巴比乐乐

宁波狮丹努集团有限公司创建于 1994 年 5 月，是一家股份制集团型企业，享有进出口权。集团公司下辖市场营销、产品研发和生产基地三大板块。公司已发展为服装、国际贸易和投资为一体的集团型针织服装企业。巴比乐乐品牌概念创建于 1978 年，现为宁波狮丹努集团旗下的中高档童装品牌。巴比乐乐采用生态环保、抗菌抑菌的有机棉汗布及牛奶蛋白纤维氨纶汗布等高端绿色功能性面料为材质，借鉴当前欧美先进的管理思想和品牌运行模式，并以独特时尚的设计理念融合国际最新流行元素，将童装趣味与品牌文化有机结合，形成既具有文化精髓又充满现代时尚的儿童服饰系列。

5）迪迪鹿

香港百姿集团有限公司是一家专业从事设计、生产和经营各种儿童服饰及相关文化产品的实体企业。公司于 2004 年在美丽的东海之滨——宁波市投资兴建了宁波百姿服饰有限公司,并创立了童装品牌 DEARDEER（迪迪鹿）。经过几年的发展,公司已建立起包括服装设计、面辅料生产、印绣花生产、成衣生产、物流配送、销售与服务在内的全方面经营体系,在竞争日益激烈的童装市场领域中逐步确立了领先地位。DEARDEER 品牌紧跟国际流行趋势,精心选用健康、舒适和环保的天然面辅材料,以自然、时尚、质感和经典的设计理念,成功打造都市儿童活力自然、优雅时尚的形象,以简约优雅、时尚经典的品牌风格得到了越来越多消费者的青睐!

6）小虎帕蒂

以外贸服装起家的王君,两年前退出外贸领域,投入 1000 万元成立了宁波帅帅虎儿童用品有限公司并开始生产童装,自创品牌"小虎帕蒂"。现在"小虎帕蒂"已经进入银泰百货的销售系统,销量快速增长。

小虎帕蒂 PrettyTiger 童装,源自英国维多利亚时期英伦学院风和带有欧洲风格的服饰理念。英伦风格以经典、自然、高贵和时尚为特点,运用苏格兰格子、良好的剪裁以及简洁修身的设计,体现绅士风度与贵族气质。其完整的搭配形式体现了国际化的品牌价值,简洁的线条,丰富的色彩,点点滴滴都诠释着小虎帕蒂的自信与活力;国际化、时尚化的设计理念,让小虎帕蒂产品引领着国际童装经典的流行趋势。

小虎帕蒂 PrettyTiger 品牌定位以 0～13 岁自信、活泼、积极向上的现代儿童为主,提供"绿色、环保、舒适"的四季着装生活方式,以简雅格调体现自然、纯净的童真感受,通过系列的款式与各种有趣的组合搭配抒写童年故事,在面料、色彩和款式的选择与设计上,均表现出高贵、典雅和天真烂漫的儿童个性,流行与实用呼应,时尚与健康并存的品牌特色。

7）太平鸟童装（Mini Peace）

现阶段童装市场主要客户群集中在"80 后"、"90 后"的年轻人,他们习惯电商消费模式,而且成长期的儿童服装随着身体的成长更换频繁,使用周期短,这都引发大量的市场需求。中国童装市场空间大,但线下童装品牌进入晚、发展慢,短时间内无法适应电子商务的快节奏。

太平鸟近几年的发展趋势显示,品牌已成为企业间竞争的核心。在多年来品牌培育的积累中,太平鸟为传统服装产业的再发展提供了品牌建设的蓝本。

如今,婴童经济的"千亿级"蛋糕无疑激发了太平鸟于成衣世界中,培育时尚童装板块新优势的大胆设想。太平鸟放弃既有的国内模式,结合成人服装的时尚发展模式,太平鸟时尚童装 Mini Peace 应运而生。

目前这个于 2011 年正式面向全国市场的童装品牌,在经过两年多的发展之后,已成功入驻武汉、宜昌、宁波、杭州、金华、南昌和沈阳等多个地区,并且计划在 2014 年将 Mini Peace 的自营店铺数量增加到 200 家左右。如此迅猛的发展,加之其与集团一脉相承的品牌理念、时尚元素以及成熟的运营经验,使得 Mini Peace 俨然成了太平鸟"多品牌"战略体系下的一股不容忽视的新生力量。在第十七届宁波国际服装服饰博览会上,Mini Peace 作为此次亮相的重头戏,放在展厅最为显眼的地方,展示了太平鸟在品牌运作上的再次成功,更是对其发展速度与深度的重要认可。当下国内童装市场尚待良好开发,童装行业仍陷混战时期,太平鸟以品牌重塑产业价值,倡导了行业的良性发展。

8)LOVEMORE

宁波合和杰斯卡服饰有限公司在 5 年间孕育了休闲男装品牌 GXG,并将年销售收入推至 30 多亿元的高峰后,新的童装品牌"LOVEMORE"也酝酿而成,意思是"让爱多一点",意译是"万千爱"。LOVEMORE 以时尚休闲为主,带英伦风味,产品以棉、麻、丝以及各种天然材料为主,结合个性的各种水洗、绣花、印花工艺,炫彩多变色彩搭配,结构新颖的设计,在细节处玩味时尚为品牌增添故事,缔造新时尚环保主义。LOVEMORE 新混搭风格,款式具备大众时尚的特点,突出色彩的时尚个性,精细的做工、缤纷的色彩以及多元化的设计,蕴含了高档童装流行元素,以突出品牌"大格调、大时尚"。

现在市场上童装打的主要是卡通牌、可爱牌,LOVEMORE 童装打的是时尚牌,在童装领域也会延续 GXG 的时尚风格。

9)马威

Maxwin 马威(中国)有限公司成立于 2010 年,是全国最大的针织企业申洲国际集团投入 1.86 亿美元创建的男女运动装和童装品牌。申洲在继续为耐克等世界名牌贴牌生产的同时,开始向利润率更高的内销市场进军,是国内快销服饰行业新兴的品牌。奉行简洁、现代和体现崭新生活方式的设计理念,以优质面料、合体裁剪、舒适穿着为追求目标,全力打造属于中国人自己的休闲服饰品牌。公司童装覆盖了从新生儿到 15 岁青少年。

目前在江浙沪地区已有 25 家分店,遍布上海、杭州、苏州、嘉兴和绍兴等多个地区,形成了较为完整的江浙沪市场网络格局。在未来几年中,公司将继续高速开拓品牌零售市场,计划两年内在全国陆续开设百家门店,初步形成辐射全国的零售网络。2011年9月底,集团旗下的马威服饰在世纪东方广场开出了宁波首家"马威"品牌专卖店。

(2)男装品牌发展相对滞后

作为业内龙头,雅戈尔品牌服装业务净利同比下降,主要原因是品牌未能与时俱进。宁波男装之前主要以实用为主,近几年来,渐渐转向时髦,然而,男装品牌里的大多数是跟随"60后"、"70后"成长起来的,时过境迁,现在社会真正的消费力量是"80后"、"85后",他们的需求、购物习惯已经发生改变。"80后"、"85后"讲究快捷、方便和实际体验,为了适应这种习惯的改变,企业必须找到电子商务与零售业的平衡点。宁波男装品牌比较多,同质化过于严重,因此必须提升品牌的文化内涵,使服装设计具有自己的独特性。

五年前,雅戈尔迈出向品牌运营转型的第一步之后,时尚、科技和文化成为发展关键词,几年间通过集成全产业链研发设计能力,不断提高自主品牌的原创设计能力。2013年开始,男装行业呈现低增长态势,在日趋激烈的竞争环境下,雅戈尔接连主动出招,通过汉麻水洗衬衫这一原创产品,让消费者能够把自然、健康穿在身上。从社交网络到日常生活,环保的生活态度、回归自然的时尚追求,都是当下热门话题,汉麻水洗衬衫也在雅戈尔"享受水洗"、"爱上汉麻"微互动活动中攒足了人气。

随着转型升级步伐的加快,雅戈尔为设计团队注入了更多的国际化元素,引入意大利知名设计师担任设计总监,并相继在或将在国外的米兰,国内的北京、上海和广州等城市设立设计中心,拓宽视野,紧跟市场脉搏,研发更具市场竞争力的产品。在2014年秋冬产品中,有多款冬令夹克专为气候寒冷的北方市场设计开发。一个产品多种版型销往不同市场的传统做法在悄然改变,为不同地域消费者专属定制的产品,贴合当地人体型,适宜当地气候、消费观念,让消费者更暖心。

(3)女装品牌发展日趋成熟

当下,宁波女装业先后打出了几十个具有较高知名度的品牌和具有一定规模与竞争力的女装生产企业。在中国服装协会公布的行业百强企业中,每年均有宁波的女装企业名列其中。宁波女装正在品牌经营的道路上向产业升级的方向发展,女装生产经营企业日臻成熟,女装经营者品牌经营的理念越来越强。宁波女装厚积薄发,呈雨后春笋之势,知名品牌不断涌现。在女装领域,太平鸟、斐戈、德·玛纳、STEVE&VIVIAN、ESback、旦可韵和花时美等品牌发展势头正旺,显示出如今的宁波服装业已经"巾帼不让须眉"的气势。宁波女装起点高,在运作时特别注重风格的树立,品牌充满了灵性。近年来女装产品销售的周期也在逐渐缩短,市场反应速度越来越快,不断加强女装生产经营的个性化服务正逐渐成为品牌销售的常见手段。然而宁波女装虽然保持着 20% 以上的年增长率,但是品牌数量和市场份额还是较少,外资及合资品牌占据市场的份额较高,市场洗牌和品牌竞争才刚刚开始。

1)太平鸟

太平鸟的成功,一是源于正确的时尚定位,二是源于正确的女装切入,为传统男装扛鼎天下的宁波服装业,开创了一条独特的突破路径。至 2014年,太平鸟女装已进入发展的第 13 个年头。经过这些年的发展,太平鸟女装已在国内女装界脱颖而出。目前,太平鸟女装旗下有两大品牌——乐町、PB 女装(Collection、Jeans 及 Trendy 三大系列),在全国范围内,太平鸟自营店铺达 300 余家,加盟店铺 1700 余家,其中大型旗舰店达 40 余家,其线上交易为"魔法风尚"。一流的产品设计开发、创新的经营理念、全方位的顾客服务和完善的店铺形象使太平鸟女装在"快时尚"的道路上一路疾驰,成为OFFICE休闲时尚女装的第一品牌。

如今,太平鸟又提出一个新的理念:"不做服装做时尚。"太平鸟不再是提供服装产品的机构,而要成为一家"时尚解决方案"的服务提供商。这一概念的提出,将太平鸟从传统服装业升华到时尚产业。这是一种质的飞跃。而这种定位似乎也更合乎国际潮流。综观近半个世纪以来,西方传统服装强国在对待服装、对待时尚的理念方面,都已实现全面转型,创意对于服装的影响力已经达到了空前的地步。

2)斐戈(FIOCCO)

斐戈品牌至今已经走了 8 年,每年都追加投入 1500 万~2000 万元来培养品牌。斐戈女装不实行大批量生产、不追加订单,为了保证品牌中高档品质和品位,斐戈坚持从欧洲、日本和韩国等地区进口高档面料,进口比例达90%。做工更是考究,将定制理念渗透于产品的每一个细节,如仪式般严谨的工艺流程,使它的每一套服装都需经过 166 道工序。为提纯品牌的血统,斐戈还把部分生产线放到香港和意大利。在 2009 年,重金聘请了一位来自意大利的知名设计师加盟斐戈品牌,他曾服务于 CK、Valentino 等国际品牌。为了随时捕捉最新国际时尚灵感,由 11 位国内、国际顶级设计师组成的设计团队不定期前往法国、意大利和日本等国,吸取各类顶尖时尚元素。同时也拥有自己的设计师团队,其主力设计师有着国外留学背景,团队目前共有 30 余人。斐戈计划每年投入 40% 的资金用于研发、设计和开发面料等，以持续追加大幅度投资的方式确保研究技术中心的设计灵感。

同时，斐戈也并未放松外贸板块的提升，直到今天，外贸仍占了斐戈集团销售额的 93%，2010 年外贸出口 5000 多万美元，毛利润在 20%～25%。外单加工水平也不断提高，从原来外方提供样衣、原辅料配齐，到后来只给样衣，再到后来只给图纸，最后只给概念，其他都由企业自己做，完成了从 OEM 到 ODM 的转变。而且，斐戈还是宁波服装企业中第一个得到美国服装协会人权标准的 WRAP 认证企业。从低附加值到高附加值、从无品牌到品牌化经营，斐戈集团不仅实现了创立自主品牌的梦想，更让企业走上了一条越来越宽的经营之路。

3）STEVE&VIVIAN

STEVE&VIVIAN 这个拥有浪漫、洋气的意大利品牌名称的女装品牌，是宁波艾盛集团于 2008 年成立的。艾盛公司一直以外贸加工贴牌生产为主，2006 年在欧洲注册 SV 女装品牌，在意大利及宁波成立设计工作室，开始生产自己品牌的女装。2010 年底，SV 用 400 万元重金签约姚晨。这一大手笔为其品牌"明星经济"的构建迈出了重要的一步。SV 之与姚晨的重磅合作，并不是对明星的一次偶然的碰撞。早在 2009 年 7 月，SV 宁波万达旗舰店开业，香港知名艺人应采儿应邀出席并主持开幕式；同年 11 月在宁波天一广场的形象店开业，力邀台湾知名女星吴佩慈倾情出席，为新店开幕助阵造势；2010 年 1 月 SV 又以赞助商的身份出席沪上知名时尚网站所举办的"新年时尚趣生活"潮人炫体验派对，同时出席的有著名艺人及众多时尚界名人。如此频繁且连续地和"娱乐圈"打成一片，让明星们为其摇旗呐喊，使 SV 一夜之间声名远播。

STEVE&VIVIAN 又大胆启用 80 后设计师作为核心团队，目前 11 人的设计团队全是来自全国知名服装设计院校的年轻的 80 后设计师，她们本身就是颇有"潮流范儿"的"追星族"，在 SV 的每个设计师的工作桌前，都有娱乐圈中人气明星的潮流街拍与时尚大片。她们对时尚的解读有不一般的激情与理解，在开发新品的时候，根据设计主题，寻找最具人气的明星作为"设计标杆"，提炼最具生活气息和日常意味的元素做"设计减法"，形成具有市场应用性的设计产品。

4）博洋

博洋服饰下的各大休闲装品牌对女装部分的考虑是"别有用心"的。如唐狮根据校园、都市的年轻人推出一系列"basic 款"（基本款），造型简洁的 T

恤、卫衣和外套,干净利落的牛仔裤、打底裤等。公司分析了男女消费者对服饰穿着的要求高低不同,减少女装的比例,把男女装的整体比例定为6∶4,产品结构稍侧重于对款式、花样相对要求低的男装。而另一品牌艾夫斯在年龄定位和唐狮差距不大的情况下则扩大了女装的比例,从40％增加到60％,在产品设计上将流行音乐和国际潮流融入设计灵感中,注入个性化的元素,使面料肌理、色彩和装饰物更富于变化,从而全面考虑到女性对服装款式、装饰、色彩求新、求变、求异的更高要求。

博洋如此分配女装板块比例的做法,使同门的唐狮和艾夫斯两大品牌,从性别上行成错位竞争,且还能相辅相成,避免了自相打压的情况。"大众化品牌,细分化市场"的定位,使博洋休闲装拥有不可限量的市场空间,也使服装品牌真正成为走向老百姓的"民牌"。

(4)户外品牌独放光彩

虽然国内户外运动市场的增速在放缓,但依然是各品牌不可忽略的市场。户外运动行业的体量在150亿元到200亿元之间,与体育品牌相比,还是一个比较小的行业,但下一步的发展会非常迅速,滑雪、极限运动都将成为热门。

最近几年,在户外运动中,一批有拼搏精神的"90后"加入了这个队伍,他们是户外装的未来主要消费群。"90后"不仅仅是中国时尚消费潮流的中坚力量,同时也是品牌运作未来的风向标,他们代表了新一代中国时尚产业消费观,更代表着一种崭新的消费新势力。因此,就拿户外装来说,为了应对新的消费群体,目前户外装当中的时尚元素在不断增加。

据了解,从户外装的特性和品牌的长远发展来看,产品的定位更适合于聚焦专业路线。比如李宁品牌推出"李宁弓"款减震慢跑鞋;另一方面聘请具有国际影响力的专业人士代言,提高对专业运动的参与,以提升品牌的专业形象等,比如安踏邀请孔令辉、加内特和郭晶晶等代言。因此,对于目前宁波户外行业的发展来说,企业必须坚持专业化与时尚化同行,才会更好地扩大市场空间,提升利润和留住消费群体。

1)牧高笛品牌

浙江牧高笛企业是一家专业生产户外休闲用品的企业,也是全球最大的帐篷生产厂,专业生产帐篷、睡袋已有15年的历史。2002年,该公司开发国内市场,注册了"Mobi Garden 牧高笛"品牌,2003年开始在全国推广。由于其优异的品质和低廉的价格,Mobi Garden很快成为国内户外装备市场帐篷销量第一名,牧高笛还成了中国汽车露营协会指定用品。品牌的核心理念：专业的产品，可靠的质量，大众的价格；本土的品牌，国际化的渊源；健康阳光的、智慧的和有品位的生活方式。其另一品牌 Dr. Mountain 的目标客户是那些年轻人，既希望满足他们的专业品位和时尚品位，又希望产品价位在他们合理的消费能力之内。产品立足于大众市场，注重户外科技，同时兼顾户外时尚，使顾客能通过 Dr. Mountain 来感受国际一流的户外科技，体验国际最新的户外时尚，和国际前沿的户外生活理念。牧高笛将全力打造户外专业旅行装备全方位防护的轻、亮，在满足户外出行专业需求的同时，结合时尚潮流元素，为追求户外体验及生活方式的族群提供更广泛的选择。

2）雪狼

SnowWolf（雪狼）是国内十大户外品牌之一，总公司位于浙江省宁波市，是国内最早一批涉足并专注于装备的研发和生产的民族企业。创始人是 Chley，中国第一批户外运动爱好者之一。在西藏登山的过程中，Chley 不止一次在高山上与雪狼邂逅，并深深地被雪狼独立、坚毅、团结、果敢的精神感动。在雪狼的精神和做民族自己的户外品牌的感召下，Chley 创办了雪狼，秉承勇于探索、不断超越自己的户外精神，研发极限登山、徒步等专业户外运动中的高性能装备，并融合时尚流行元素，形成独特的品牌风格。专业造就了雪狼，更合适、更高性能的品质一直是雪狼孜孜不倦的追求。

经过八年的发展，雪狼的产品线已非常齐全，服装、背包、鞋靴、帐篷、睡袋及其他配件都已经经过了市场的考验，特别是服装、鞋靴和背包类货品一直是雪狼的销售主力，在户外行业中享有非常高的知名度和美誉度。品牌理念是会奋斗，懂生活，热爱大自然，注重亲情、友情和爱情；品牌文化是诚信、仁爱、创新、进取、共赢和专注。

3）布局儿童市场

相关数据显示，虽然国内户外用品市场的市场容量在逐年增长，但是增速却在回落，企业也需要寻找新的增长点。有分析人士指出，儿童户外用品市场将是一个新的增长点。相关数据显示，儿童户外拥有 40% 的市场年增长率，相对空白的市场竞争、儿童群体对户外产品的新鲜和喜好，使得儿童户外运动市场成为当下户外行业新的细分市场。

2013 年 11 月，全国首家青少年户外用品店落户浙江宁波。牧高笛青少年户外店在世纪东方广场正式营业，店内不仅可以购物，还能模拟露营和童装走秀等，形成独特的体验式儿童户外消费环境。近年来，牧高笛户外童装发布动作频频，更显示其抢占市场高地的决心。

雪狼现在已经在中国市场推出儿童户外产品，主要侧重于衣服、鞋，在各大商场已经试销儿童户外产品,效果不错。

户外用品市场是"宁波装"的新蓝海,随着渠道和生产成本的增长,以及企业竞争的加剧,服装企业必须不断拓展新的领域,才能把握市场的主动权。

2. 时尚产业基础要素

宁波拥有雄厚的时尚产业力量、能控制和拥有完整的产业链是世界时尚之都形成和发展的基本条件。巴黎除了拥有强大的服装设计、制作和销售能力外,其他如饰品、鞋帽、珠宝、皮具、化妆品以及商业、时尚信息产业、原材料供应、教育等相关环节都相对发达。米兰则是凭借其从纺织到服装、从展会到传媒的完备产业链而跻身世界时尚之都行列。虽然五大时尚之都的时尚产业已完成了从生产销售型向服务型经济的转移,但五大时尚之都都依然坚持保留制造业,并持续对制作技术优势的追求,例如巴黎和伦敦提出高级定制,米兰精于面料开发与合作,纽约保留服装成衣中心并尝试将各种高科技应用与时尚产业,东京则主张与时尚产业相关的技术整合和设备开发。其次,五大时尚之都都形成了完善的时尚产业集聚区,伦敦的创意产业园、制造业卫星城,米兰的维罗纳时尚区、普拉多纺织工业区,巴黎的北部郊区制造业基地,纽约的曼哈顿 SOHO 区,东京的杉并时尚产业中心、京滨叶工业区,五大时尚之都时尚产业集聚效应显著,时尚产业链各环节齐全。

2014 年尽管内需增速放缓、外需复苏缓慢、生产成本上涨等因素的影响仍然存在,但宁波服装行业在产业结构调整中积极应变,依靠内生动力实现产业升级。内生动力使宁波这个以男装品牌著称的纺织服装集聚地迎来逆袭发展良机。全市纺织服装企业 1.6 万余家,逐步呈现男装、女装、童装和休闲装均衡发展的态势。

随着我国经济发展速度由高速增长转入平稳增长,我国服装行业已逐步从量的扩张向品牌建设转型,品牌战略也正向国家战略层面提升。可以说,品牌价值的提升已经成为品牌建设转型升级的重要目标和标志。

受行业发展与市场环境因素影响,2011—2014 年我国纺织服装业收益率增长放缓。国际竞争加剧、内需拉动乏力、原料价格上涨、融资困难等一系列困局,加速逼迫企业的自我创新与发展变革,对中小微初创型品牌企业来说,既是挑战同时也是机遇。

我国"十二五"规划纲要明确提出要"增强企业产品开发能力和品牌创建能力,促进我国制造业由大变强"。中国纺织工业联合会副会长张莉对此表示,中小微服装企业,尤其是具有成长实力的成长型品牌服装企业,是我国服装行业发展品牌化道路的基础,只有大力提高中小微服装企业的品牌化程度,促使一批具有发展实力的服装企业先成长起来,才能更有效地推动我国中小微服装企业的品牌化进程。

在纺织服装企业遭遇外贸"寒流",企业纷纷转战国内市场的战役中,宁波服装外贸企业转型做内销时选择了做品牌童装,目前宁波的童装自主品牌已达 20 余个。例如,一家做了 12 年童装出口生意的外贸企业选择"辛巴呐呐"品名,做起品牌童装,目前实体店已经超过 20 家。还有"调皮孩子"、"GabbyLoop"等一批新创童装品牌都是宁波外贸服装企业转战国内市场的"成果"。在外贸企业"摩拳擦掌"转战国内童装市场的同时,宁波自有品牌企业也没闲着。太平鸟在成功运营了太平鸟、乐町两个女装品牌后,将童装品牌——Mini Peace 推到前台。太平鸟将 Mini Peace 的自营店铺数量增加到 200 家。

服装行业的未来优势将会落在可持续的科技、品牌与人才发展上。品牌企业更应通过不断的改革创新和商业模式创新,来适应新的行业格局。

3. 配套产业体系要素

完善的时尚配套产业体系是时尚产业发展的有力支撑条件。五大时尚之都均具有发达的时尚流通业、时尚消费业及会展业。伦敦、米兰和巴黎的时尚买手制打造了先进的时尚产业链前端采购驱动体系,纽约的时尚产品从大规模生产到大规模定制和快时尚的转变提升了时尚产业供应链的柔性,东京时尚产业的快速反应系统(QRS)和丰田缝纫体系(TSS)形成了日本时尚产业独特的 JIT 供应链响应模式。其次,五大时尚之都都具有强大的时尚消费产业,伦敦的哈洛得百货公司、玛莎百货公司,米兰的维托伊曼纽二世拱廊、蒙提拿破仑街,巴黎的九月四日大道、春天百货公司、拉法叶百货公司,纽约的麦迪逊大道、珠江百货公司,东京的松屋百货、银座商业区、涩谷商业区,完善的分销体系为时尚产品的市场化搭建了良好的平台。最后,五大时尚之都均具备高度发达的时尚会展传媒业,伦敦的时装周、珠宝周和成衣博览会是伦敦引领世界潮流的风向标,米兰的时装周、设计周、家具设计展和国际博览会是世界皮具、时装等产品的时尚最前端,巴黎、东京和纽约的时装周也是国际品牌争相角力的舞台。宁波配套产业中独具特色的是贸易、旅游、会展和港口运输业。

4. 时尚人才要素

时尚创意、设计和研发人才是时尚产业发展的人才基础。国际时尚之都的形成是几代优秀设计师队伍的成果积累。巴黎的设计师在国际时尚界具有较高地位,巴黎的服装品牌多为设计师品牌,如路易威登、克里斯汀·迪奥,因此巴黎的时尚品牌与设计师紧密相连;伦敦则是给予新人设计师充分展示才华的舞台;米兰的设计师不仅是品牌的创立者和经营者,也是品牌设计的设计者。其次,国际时尚之都对时尚设计创意人才的培养也十分重视。高水平的时尚产业人才培养机构将极大地促进时尚产业的发展,目前伦敦的圣马丁学院、皇家艺术学院,米兰的米兰大学、欧洲设计学院,巴黎的巴黎国立高等美术学院,纽约的纽约大学、纽约视觉艺术学院,东京的日本东京艺术大学,这些时尚产业的科研与人才培养机构为五大时尚之都的时尚产业发展提供了源源不断的智力支持。

近年来宁波科技创新和人才培养显著提升。2013 年全市省级科学技术奖 33 项,其中一、二等奖 15 项,"HP2—52C 全自动电脑针织横机"列入国家战略性创新产品。全年专利授权量 5.8 万件,其中发明专利授权量 2246件,比前一年增长 8.8%。全年认定省级高新技术企业研发中心 45 家,省级企业工程中心 13 家,市级企业工程(技术)中心 116 家。培育市创新型试点企业 42 家,新认定高新技术企业 197 家,市级科技型企业 216 家,省级创新型示范企业 7 家,省级创新型试点企业 5 家;培育认定市重点实验室 10 家、市企业研究院 32 家、省企业研究院 11 家,引进共建创新载体 74 家,组建产业技术创新联盟 2 家。农业科技创新支撑效果明显,培育农业新品种 12项,有 15 个农业与社会发展领域科技项目被列为"863"计划、科技支撑计划等国家科技项目。年末限额以上科技服务业企业 258 家,全年实现营业收入 131.0 亿元,实现利润总额 22.9 亿元,比上年分别增长 24.3% 和 23.5%。

5. 时尚文化要素

成熟的时尚消费群体、优良的都市时尚生活和着装传统、独到的时尚风格是国际时尚之都的文化内涵基础。五大时尚之都均有独特的时尚文化风格,巴黎的时尚文化形成了时尚对艺术的重视,具有抽象的高雅风格;伦敦尊重王室的传统文化,加上英伦的刻板严肃传统,形成了严谨、整肃和绅士化的男装和生活时尚风格,也形成了为对抗刻板风格的反叛创意风潮;米兰的时尚传承和发展了古罗马时期以来的悠久传统,以意大利制造为物质基础,构成热烈而富有幻想、华丽而追求品质的时尚文化基调;纽约是一个相对年轻的移民城市和商业城市,多元化、实用化和娱乐化成了纽约时尚文化的精髓;东京则是东西文化通融的典型,其时尚文化是东西文化、前卫与传统、艺术和品质通过时尚贯穿融合为一体。

6. 时尚政策要素

国际时尚之都的形成离不开政府的大力支持和有效管理,国际时尚之都均将时尚产业定位为城市经济发展的重点产业,出台各类政策推动时尚产业发展。政府导向可以使时尚产业沿既定轨道有序地向预期目标推进。五大时尚之都所在国家和城市在时尚产业发展的不同阶段,均有一系列导向性政策和具体措施,例如,以自由经济为口号的纽约也多次出台政策促进和保护时尚产业的发展;巴黎专设消费品处负责时尚产业规划和相关产业策略,典型的政策有纺织服装业的政策措施、高级时装的保护和扶持政策、其他纺织品补助政策;伦敦则出台了设计师扶持政策、金融危机后的伦敦时尚产业扶持政策;米兰的时尚产业受到意大利政府的高度重视,意大利专设时尚产业部门管理米兰时尚产业。

7. 时尚法律保障要素

完备的法律保障体系是促进产业健康持续发展的制度保障,五大时尚之都均具备完善的时尚产业法律保障体系,英国的《著作权、产品设计和专利法》、法国的《知识产权法典》、意大利的《版权法》、美国的《专利法》、日本的《知识产权基本法》都为五大时尚之都时尚产业的发展提供了法律保障,促进了时尚创意与知识创新。

(四)升级型管理模式推动时尚经济发展典型案例分析

1. 学习型组织太平鸟

《学习型组织——五项修炼》是当代管理大师美国人彼得·圣吉推出的一套完整的新型企业管理方法,被称为"21世纪的管理圣经"。他提出了"五项修炼":一是自我超越,二是改善心智模式,三是建立共同愿景,四是团队学习,五是系统思考。所谓学习型组织就是把学习者与工作系统、持续地结合起来,以支持组织在个人、工作团队及整个组织系统三个层次上的发展。

宁波的纺织服装企业以民营企业为主,而建立学习型组织对民营纺织服装企业而言更为重要。目前,国际国内市场风云变幻,服装设计理念、制造技术日新月异,企业生存压力非常大,如果企业不善于学习,不善于跟随环境的变化,就会被淘汰。一个有效的应对之策就是建立学习型组织,培养人的学习能力,并使之自觉地学习。每一个员工要将学习和工作融合在一起,作为企业文化奠基者的企业家,更要不断地提高自己的学习能力,改善自己的知识结构、工作作风和思想观念,这对带动企业的发展具有重要意义。

太平鸟非常重视学习型组织建设,使自己成为有创新能力的文化型企业。基于"当前企业的竞争是文化的竞争,文化的竞争是知识和创新能力的竞争"的思想,集团专门成立了"太平鸟知识经济教育中心",全面加强企业的学习和培训工作。如开设午间电教课堂,安排新经济和现代管理教育课程讲座;各公司分别制定并实施营销、设计、生产管理和店务等专项培训计划,对员工定期进行业务培训;每年组织一次为期一周的中高层管理人员集中培训活动;主管以上业务管理人员年终考核除上交工作总结外,还要提交一篇创新管理业务小论文作为考核依据。这些做法在企业内营造了一种"在工作中学习,在学习中工作"的良好氛围。

为加强领导班子的思想理论建设,提高知识创新能力,太平鸟集团还建立了领导班子务虚学习会制度,定期(一般一月一次)以各种方式讨论交流经济政治形势,学习国家重要经济政策,研讨有关发展和创新思路;建立理论知识资料传阅制度,规定从董事长开始,每个领导班子成员每年至少给员工作一次学术报告或专题讲座;集团建立了战略管理委员会,以领导班子为核心,有关负责人和专业人才参与,定期开展战略发展的研究、讨论活动。

太平鸟虽然不是国企,更不是中央直属企业,但对思想政治的宣传教育和学习培训却极为重视。很多民营企业在党建工作这一块十分薄弱,一个主要原因是党在基层的宣传、培训工作做得不够,群众不了解,不知情,群众对党有一定的疏远感,甚至隔膜感。为了避免出现这种情况,太平鸟集团特别突出强调企业在党建方面的宣传、学习和培训工作。一是探索建立了集团党校。几年来,集团党校以党员、入党积极分子和主管以上干部为重点,面向全体员工开展规范的党课教学,坚持做到"一月一课,一月一册,一月一测,半年一次集训",积极宣传党的路线、方针、政策,讲授党的基本知识、基本理论,教育员工树立坚定的政治信念,爱岗敬业,遵纪守法,勇于进取。二是针对时事热点开展生动活泼的座谈会、讨论会。三是构建宣传阵地网络,在企业报、企业网和企业宣传栏中,开辟党建和政治思想工作专栏。精彩的内容和生动活泼的形式吸引了广大员工踊跃参加党课学习和研讨活动。通过学习培训,员工的政治思想素质和职业道德素质有了很大的提高。

2. 创新型组织博洋

作为家纺概念的提出者和国内家纺市场的开拓者,宁波博洋纺织有限公司不仅做大了家纺品牌,还以十几年时间的打拼,创造了一个规模庞大的服饰品牌军团。博洋从 1995 年开始走自主品牌之路,现在旗下拥有 10 个家纺类和服饰类品牌,拥有 2000 余家品牌专卖店、3000 余家销售网点,且连续多年保持 50% 以上的高速增长。

博洋坚持走自己熟悉的纺织品、服装类的品牌之路,哪怕是后来多元化经营涉足的各项投资领域也是围绕品牌经营的上、下游产业,为企业品牌的长远发展规避风险。博洋是专注的,并且善于研究行业发展的新模式,积极探索企业的创新发展之路。

其一是品牌创新,实施多品牌战略。

博洋的多品牌战略是基于需求的多样性而发展的。原因很简单:不同的人,在不同时间、地点,希望选择不同的产品。不同消费能力、不同教育背景的人群有不同的价值观念、不同的生活方式,导致了需求和价值判断的千差万别。这种同一产业存在不同细分市场的事实为多品牌战略奠定了基础。

博洋在服饰领域推出的 6 个品牌,以不同的定位,横向、纵向地覆盖整个市场,而不是仅仅以高、中、低档三个品牌介入,并且未来将有更多的品牌推出,充分地占领服饰行业细分市场。

在家纺领域,博洋旗下的"BEYOND(博洋家纺)"品牌代表的是最大众的高品质、多样化和中等价位的家纺品牌;"CODODO(棉朵)"则以自然花卉为基本元素,满足的是浪漫、田园风格的消费需求;"HIPPNER(喜布诺)"代表的是高品质的专业睡眠用品,时尚、简约风格和更人性化的中高端产品;"IOWILL(艾维)"则是满足标准化、多样化,面向商场和超市的家纺类品牌。

其二是经营创新,立志做服装业的可口可乐。

在宁波这个服装大市,博洋旗下的唐狮品牌能够迅速崛起,再次印证了创新对一个品牌有多么重要。

唐狮给宁波服装业带来的创新是革命性的:它的虚拟化经营彻底摆脱了传统服装企业高投资、高风险、低效率的老路子;它的全面特许加盟形式最大限度地发挥了社会经营力量的作用,也让加盟商有最佳效益;它给职业品牌经理人以良好的创业氛围,使服装职业人才在宁波开始集聚。

唐狮的规模经营可以用几个简单的数字来说明:唐狮在全国开设有

1000多家专卖场和加盟店,年销售服饰量在2600万件以上,是目前宁波服装企业中销售服饰数量最大的品牌。唐狮的目标是:做中国服装业的"可口可乐"。

其三是管理创新,保证品牌有序高效运作。

随着品牌与子公司的增多,博洋公司也面临着挑战。为防止出现职责不分、品牌界线模糊、形象混乱甚至导致品牌资产流失,博洋适时进行企业变革,为适应品牌长远的成长战略,建立了相应的职能机构。品牌公司被视为独立的事业体,负责品牌的拓展与正常的运转;采购平台掌握充足的社会资源,为各品牌提供服务;信息中心通过不断的技术创新,承担企业运营的数据化服务,提高企业的决策速度;品牌运管部门则对品牌的定位、形象体系以及品牌推广进行监督与管理。合理的组织构架保证了品牌有序、高效的运作。

对博洋旗下的每个子品牌来说,其背后有一个大型的成功母体,这个母体的核心是:"博洋文化"。"博洋文化"不是由某个品牌战略公司来提炼赋予的,而是十多年来在博洋创始人及一批核心管理人员的影响下建立的一种上下共识的价值观——"和亲一致,创新进取"。首先博洋强调亲和、友善,倡导快乐、融洽的工作环境,每份工作都应被尊重,尊重员工的工作业绩与个人的创造能力,鼓励思索与创新。博洋文化鼓励创业,也积极提供创业平台。富有活力的企业文化为品牌提供了精神动力。

其四是商业创新,打造品牌商业新模式。

在宁波,一场由工业资本向商业资本渗透的经营变革在数年前已悄然兴起。从2004年开始,博洋纺织有限公司又独创性地提出了品牌商业经营思路,斥资数亿元并购、新建大型百货商业,还以管理输出的模式间接控制商业终端,开始了进军百货业的计划。

博洋进军百货业主要基于两点考虑:一是利用这些终端市场巩固和开拓博洋已有的家纺、服装系列品牌的市场空间,开拓二线城市和乡镇市场。二是利用传统百货业升级和变革的机会,打造博洋独有的"品牌商业模式"。博洋正在实施一项"品牌商业模式"计划,用于整合和改造传统百货业。按照计划,博洋收购、整合或新建的每一个大型商场都将成为一个个性化的品牌商场,强调差异化经营。博洋根据每个商场所在城市的特点和需求,设立独立品牌,而不是搞基本类似的连锁商业。目前除已经开业的3家大型百货商场外,博洋还将建设和拥有更多的大型百货商场。

(五)创新型运营模式推动时尚经济发展的典型案例

对于服装行业而言,做好线上线下虚实融合的模式,充分借助互联网平台是前提,同时通过 O2O 模式更好地规范供应链和生产销售流程,以新的商业模式推动业务发展,能帮助企业更好地获得竞争优势。

综观近年来纺织服装企业电子商务的发展,电商在实体店租金及人工成本上涨、网络购物蓬勃发展的背景下,为企业开拓了一个新的服装销售渠道。这既满足了服装企业清理商品库存、迅速回笼资金的要求,又能够借助网络品牌影响,吸引人气,提高消费者的依赖度和信任度。因此,线上线下共同发展模式已被多数纺织服装企业重视和采纳。然而,通过电商清库存对品牌商有利有弊:利的是可以资金回流,弊的是当消费者习惯了电商的低价格之后就很难再适应品牌商之前的定价策略,最终选择等待品牌商的折扣。对于品牌商来讲,不能只把电商当作清库存的下水道,重新梳理整合线上线下零售渠道才是最重要的。可以说,借助电子商务不仅提升了企业的利润,而且可以帮助企业的转型和升级,改变过去批量化的生产模式,实现定制化生产,企业的重点也转移到产品的服务、品牌和创新,从而进一步提升产品的附加价值。

对于许多像杉杉、雅戈尔、李宁和罗莱这样的传统纺织服装企业而言,实施电子商务面临的最大障碍是线上与线下经营模式的"撞车"。由于这些企业在纺织服装领域已经营多年,并在全国和全球范围内建有相当完备的销售体系,如果所经营的产品在线上、线下的价格一样,网购就会失去竞争力;如果网上的价格低于线下,又无异于"左右手互搏",并会对品牌的形象与信誉在一定程度上带来负面影响;对于众多以加盟方式为主的纺织服装产品的经销者来说,开展网上销售将直接影响到代理商和加盟商的利益而导致代理商流失;对兼有大众化消费和个性化要求极强的服装类产品,也会因消费者网购时无法实现现场试衣而受到消费制约。因此,不少传统纺织服装企业的网上销售规模都受到限制,其经营的产品也均以物美价廉的中低档为主,网店更多的是起到清理库存与换季商品的作用。同一品牌的网店与实体店,在进货渠道、价格体系、考核体系和管理部门上存在两种不同模式的状况,已成为阻碍我国纺织服装企业做大、做强电子商务与网络营销的重要因素。企业对此的解决办法目前有多种,或三维虚拟试衣,或在线真人试衣,或在区域配送站周边设立产品体验中心等,这虽可在一定程度上弥补客户实际消费体验的不足,但终因技术不成熟或不能完美实现合体性等多方面的原因,并未能从根本上解决"线上"与"线下"的矛盾。因此,随着电子商务服务多元化的发展,以及产业链上下游控制的内在需要,目前已逐渐呈现出线上电子商务平台向线下实体平台扩张的趋势,不少企业已将线下品牌声誉迁移到线上,实现品牌声誉的共享。同时又充分挖掘网络消费群体的价值,通过搭建自己的品牌网络社区,或向其他网络社区的营销渗透,提高对网络消费者的吸引力,以便有效地促进线上与线下良性互动的新型营销体系的形成。长远来看,纺织服装企业线上线下的共生与融合趋势将势不可当,这种融合可以是基于购物体验的融合,也可以是基于渠道功能互动的融合,这些模式与策略我们将在下文中进行详细阐述。

1. 雅戈尔线上线下双向互动

对于传统的纺织服装企业而言,不拥抱线上是逆时而行,拥抱线上又好像是腹背受敌。在这种窘迫的情况下,纺织服装企业开展电子商务时比较关注对线上、线下利益的权衡,在线上尽可能地实现差异化区隔,有针对性地选择线上产品品类。从纺织服装企业近年来电子商务的发展来看,多数企业以产品品类供应区隔、产品供应节奏不同步等策略,平衡线上线下利益。

2012年5月10日,国内服装业巨头雅戈尔携手中国最大的综合网络零售商京东,达成长期战略合作,重磅推出雅戈尔京东官方唯一授权店,正式完成其触"电"进程。

2013年,宁波纺织服装企业领头羊雅戈尔,线下男装品牌雅戈尔入驻天猫商城,官方旗舰店于2013年4月12日正式开业。线上主推商务男装雅戈尔品牌及旗下时尚男装GY品牌。雅戈尔天猫旗舰店与电商整体托管公司瑞金麟全权代运营。

雅戈尔之所以开启线上渠道并选择GY品牌,主要是针对新的年轻消费群体在线上进行品牌传播。据调查,雅戈尔在线下门店80%以上都是其自有渠道,所以在平衡线上、线下利益时,必须特别考量线下渠道利益。同时,对于服装品牌尤其是高端服装品牌,其线下体验相当重要。因此,当雅戈尔在做电商时候,更注重推广其单品,比如其汉麻系列产品、GY产品等,而在目标受众的选择上更有针对性,更加贴近年轻消费者。

尽管相比博洋、太平鸟等服装品牌,雅戈尔是后来者,电商运营尚处初探阶段,但公司将进一步利用营销网络、物流配送以及信息化传导等资源优势,强化线下的展示、体验以及增值服务功能,与线上平台形成充分的双向互动,以渠道的深化优化提升雅戈尔的美誉度和业绩增速。

2. 太平鸟魔法风尚"精细"电商

2013年,太平鸟成为工信部"大企业电子商务和供应链信息化提升"试点工程项目。电子商务行业已经度过了粗放式增长的阶段,进入了电商品牌的时代,消费者的态度也从上网淘便宜货转变为使用互联网购买品牌产品。对于大多数企业来说,电子商务早已不是简单的网上售货,而是已经成为贯穿整个企业的核心战略。在我国电商发展初期,一些观点认为,经过十几年发展,美国电商占比始终不高,仅被看作"实体零售的补充",参照美国电商发展历程,电商对我国实体渠道的冲击也不会很大。然而事实表明,与美国不同,我国电商网购走了一条"跨越式发展"的道路,国内网购占比提升迅速,目前已经超越美国及全球平均水平。从已有数据可以看出,美国在2000年网购社会消费品零售总额占比仅为0.9%时,高速增长期即已结束,之后平均增速仅维持在17%左右;韩国高速增长期也早已结束,2005年达到40%增速,之后仅维持在10%~20%的水平。中国虽然目前网购占比已高于美国,但仍处于高速增长期,2005—2012年国内网购市场规模复合增速为89%。

从订单复合增速、一二线城市消费者在线消费钱包份额以及品牌成交情况均可以看出,国内网购正在快速向三四线城市下沉。未来随着网民渗透率、订单转化率的提高以及移动互联网作为新平台的推动,我国网购发展依然有较大空间。由于实体零售的发育程度、网民渗透率等诸多不同,我国网购的快速发展可能会更加持久。因此,纺织服装企业利用电子商务拓展品牌的空间仍较大。

太平鸟是国内较早涉足电子商务的企业,2007年成立的太平鸟魔法风尚服饰有限公司,是以网络销售为主要业务的新兴B2C电子商务公司。太平鸟2013年的线上销售额达到1.8亿元。目前,太平鸟在天猫商城上的月销售额保持在2000万元左右,几乎与线下一家单店一年的销售额相当。2010年首次参与电商"双十一"庆典,太平鸟魔法风尚单日销售就突破800万元,成为线上品牌一匹不折不扣的黑马。在2011年的"双十一",已整装待发的魔法风尚创造了5168万元的销售神话。而整体经济环境不被看好的今年,魔法风尚在"双十一"的品牌混战中突出重围,以7600万元的销售业绩刷新了历史纪录。

太平鸟的业绩得益于2007年金融风暴期间的转型升级,太平鸟重创意、强品牌，独辟蹊径的创意快时尚发展路径迅速为其在国内服装业奠定了独一无二的地位。为了打造全新的电子商务运营平台，太平鸟对其电商进行了三个定位：一是建设和优化线上渠道，实现电子商务品牌零售业务健康发展；二是探索全新、高效、互动的供应链模式和品牌营销模式；三是为未来O2O线上线下联动的立体零售新模式奠定基础。三个定位也是太平鸟的战略目标。

从粗放走向精细的电子商务。太平鸟虽然很早就有了自己的电商平台——官网，但传统品牌企业发展电子商务必须经过一个平台试水的过程。由于线上和线下的发展和变化速度存在差异，它需要不断试错，电子商务要慢慢地从粗放向精细化发展才能形成良性的电商环境。

电子商务线上线下整合。在统一客户线上和线下的体验方面，太平鸟目前在做四个方面的工作：①商品层面。统一电商和渠道的新品上市模块、波段、商品铺货、补货计划和商品库存调拨，价格保持一致，更多地通过订单的促销管理而非单品的促销管理来操作。②营销活动。促销商品的确定与库存调拨、促销方案的批准（报备品牌公司）以及社会化媒体营销等。③市场推广。线下推广活动的提交和线上同步、线下需宣传的信息提交和线上发布、推广资源的分配（新媒体）、推广方案策划与实施（电子商务的推广相对可量化，可通过CPC、CPA等方式量化）。④会员的打通。基于订单而非单品的营销策略处理线上和线下的价格差距。

太平鸟改版的官网中设立的品牌馆和陈列馆都使用了线下品牌的元素，同时，最近乐町女装、太平鸟男装的微电影等也都是和电商的推广部门一起整合资源进行的互联网推广营销。目前太平鸟电子商务渠道占总销量5%左右，未来增速会大于线下。随着移动互联网的崛起，未来的零售是无边界的，电商也好，门店也好，都应该是体验和销售落地的地方，简化流程，减少中间环节，让品牌在消费者面前还原其本质，是最关键的。很多传统企业把互联网当作一个辅助性的盈利手段，在线下做得非常好，而电子商务却只是浅尝辄止，认为它毕竟不是传统企业的核心。其实，现在40～50岁的人也在使用互联网购物，同时90后已经开始步入社会，消费群体及消费习惯已经发生了改变，企业必须做好准备以应对这些变化。就好比IT，电商也是一把手工程，所以，应该先让一把手具备分享、交流和沟通的互联网精神。2013年太平鸟实施新的分销系统，同时也在打造新的电子商务后台系统，目的是实现统一配货、统一视图和交互管理等功能。另外，将门店的很多零售分析模型也根据电商的特点做修改部署，帮助品牌公司的商品和零售营运人员实时了解电商的客流以及产销率情况。

涉入移动互联网。太平鸟开始尝试移动互联网的应用,移动终端是个很好的载体,能很好地实现对于消费者的识别和互动的统一管理。

同时,太平鸟坚信,快时尚同样也是电商时尚服装企业发展壮大的重要路径。公司精简了所有能精简的部门,着重突出设计与营销两大职能,太平鸟轻松把握住了微笑曲线的两端。特别是在成立线上 B2C 平台魔法风尚后,太平鸟更是意识到,以顾客体验为核心的电商其实是快时尚模式的集中体现。

电商不仅是一个与实体互补的新兴销售渠道,更重要的是通过电商数据的分析,能让企业在售后服务、后续产品研发等方面有更多积累,也是一种发展模式上的创新与兼容。网络销售相比传统销售,客户需求、群体等统计更加准确,营销的点对点特性更加明显,反映也特别明显。同时,它也对运营者的执行力等提出了更高的要求。因此,在服饰产品的设计方面,太平鸟在"魔法风尚"这个线上品牌上加入更多网络时代的文化要素。魔法风尚的设计团队可能是太平鸟里视野最广、反应最快的了。魔法风尚将自己定位为太平鸟品牌服饰群的线上整合平台,通过更好的搭配展示、更多的优惠让消费者方便、快捷、足不出户就能享受到时尚的高品质服饰。可以说,太平鸟通过创意快时尚模式已成为国内品牌时尚网络零售的领先者。

3. 博洋"试水"跨境电商

博洋控股集团前身是永丰布厂,创立于 1958 年,是中国纺织行业的先行者。作为宁波纺织产业改革的示范企业,经过十几年的发展,现已成为一家拥有数十亿元资产,16000 多名员工,涉足家纺、服装两大产业以及房产、商业、产业投资三大项目,控股旗下 30 余家企业的综合性集团公司。

博洋始终坚持发展并做强电子商务,他们认为线上渠道不仅可以成为线下销售的有力补充,甚至可以单独撑起一个品牌的运营。2008 年底,博洋初次试水电子商务。2009 年,博洋家纺开出了在淘宝网的第一家集市店,8月在淘宝商城的旗舰店正式营业,11 月线上单日销售额达到了 20 多万元。2010 年 1 月份,博洋家纺电商成立为独立公司,11 月 11 日,博洋家纺线上的单日销售额高达 2156 万元,这一天成为博洋电商也是中国家纺史上一个里程碑式的日子。2011 年"双十一"活动中,博洋家纺再次蝉联同类品牌第一,当天销售突破 6000 万元,加上旗下的唐狮服饰、博洋家纺、艾维家纺、涉趣女鞋、艾夫斯服饰和德玛纳女装等十余个品牌,博洋整体销售额则突破 8000

万元,这也是迄今为止中国家纺行业在电子商务史上的最高纪录。

值得一提的是,为牢牢抓住跨境电商这一发展机遇,博洋控股集团于2013年12月,注册成立了宁波安银古诚贸易有限公司,为集团旗下全资子公司及跨境电子商务品牌运营平台,成为行业的又一典范。当前,我国跨境电子商务发展迅速,企业建立直接面向国外买家的国际营销渠道,降低了交易成本,缩短了运营周期。与此同时,新兴市场正在成为亮点,巴西、俄罗斯和印度等新兴市场交易额大幅提升,为境内众多跨境电子商务零售出口平台快速发展做出了重要贡献。在商品品类分布上,进口商品主要包括奶粉等食品和化妆品一类的奢侈品,规模较小;出口商品则包括服装、饰品、小家电和数码产品等日用消费品,规模较大,每年增速很快。博洋将依托国内外电商平台,主要发展进出口两方面的业务。目前,公司主营业务为进口产品的国内线上平台外贸零售和出口产品的国外线上平台外贸零售。运营事务涉及货品的规划、采购与管理,线上平台运营,售前与售后客服,跨国物流与仓储监控等。涉及平台包括阿里速卖通、eBay、亚马逊国际及日本乐天等众多国外电商平台,以及天猫、京东等国内平台。

相较于传统外贸方式,跨境电子商务在交易方式、货物运输和支付结算等方面与传统贸易方式差异较大,还面临不少发展的瓶颈。2013年9月,国务院办公厅转发商务部等部门《关于实施支持跨境电子商务零售出口有关政策的意见》,针对跨境电子商务发展过程中面临的报检烦琐、通关难、无税收优惠等问题,拿出一系列破解方法和支持政策,这对促进跨境电子商务发展起到了积极作用。与此同时,宁波市政府允许跨境贸易电子商务企业在宁波海曙区及保税区,经过核准后开展网络零售业务,企业以货物方式申报进口,进入海曙区或保税区进行保税仓储,待网络订单生成后,以个人物品方式申报出口,由电子商务企业办理申报并缴纳行邮税。这对推动进口商品的跨境贸易便利化和进口商品市场建设,也为区域经济转型发展注入了新的活力。

在未来两三年里,宁波安银古诚贸易有限公司必定会为推动博洋集团成为宁波及浙江地区重要的跨境电子商务贸易发展和产业多元化努力,尽力提高集团在全球电商时代的市场占有率。公司将依托各类信息服务,向涵盖贸易信息流、物流、资金流的交易全流程跨境电子商务综合服务方向发展,从而有效促进集团跨境电子商务的发展。

4. 电商后起之秀罗蒙

罗蒙的电子商务起步较晚也较为波折。罗蒙的电子商务总经理李俊曾在 2009 年和 2010 年两次提议老板做电商，但均被否决。直到 2011 年 8 月份，罗蒙才正式决定进军电商。

罗蒙的电商业务以独立公司的形式进行运营，从财务到产品设计、生产、供应链管理全部独立运作。罗蒙线下品牌主打商务正装，罗蒙的线上产品就改走时尚系列，由以往以售库存为主转变为单独开发，避免线上线下冲突。

罗蒙上线首年电商业绩过千万元。2011 年和 2012 年的销量分别为 3157 万元和 9208 万元（仅男装），成长势头良好。2013 年"双十一"购物节，罗蒙电子商务实现销售 8560 万元，位列天猫商城男装区第三位。2013 年全年，罗蒙电子商务销售量达 6.9 亿元，占总产值的 10％。2014 年，罗蒙电子商务的目标销售量为 10 亿元。可见电子商务已成为近年来罗蒙集团新发展起来的一块重要业务，成为企业主要的增长点。

5. 移动电子商务成"触电"新模式

2013 年是我国移动互联网产业高速发展的一年。移动电子商务就是利用手机、PDA 及掌上电脑等无线终端进行的 B2B、B2C 或 C2C 的电子商务。它将互联网、移动通信技术、短距离通信技术及其他信息处理技术完美地结合一起，使人们可以在任何时间、任何地点进行各种商贸活动，实现随时随地、线上线下的购物与交易、在线电子支付以及各种交易活动、商务活动、金融活动和相关的综合服务活动等。可以说移动电子商务是电子商务、线下零售和移动互联网三个行业的交叉点，这三个行业本身都在高速增长。未来移动电商的前景将十分引人瞩目。全球知名的移动互联网第三方数据研究与营销服务机构艾媒咨询（Iimedia Research）的数据显示，2011 年中国移动电子商务市场交易规模为 156.7 亿元，同比增长 609.0％；预计到 2015 年将超过 1000 亿元，达到 1046.7 亿元。国际电信联盟的数据显示，到 2013 年底，全球网民总数突破 27 亿人，全球移动联网设备终端数达到 68 亿台，几乎等于地球上的人口总和。截至 2013 年 11 月，中国网民数量达 6.04 亿，其中手机网民达 4.64 亿，手机已成为第一大上网终端，中国互联网全面进入移动互联网时代。

移动互联网的高速发展，推动电子商务加速从 PC 互联网电子商务迈向移动电子商务的新阶段。中国电子商务研究中心的监测数据显示，2013 年全国移动电子商务用户规模达到 3.73 亿人，同比增长 50％。电子商务发展正迈向移动电子商务新阶段，预计 2015 年将有 50％以上的交易通过手机完成。移动电商的发展前景备受看好。

从移动电子商务市场看,淘宝网的数据显示,国内通过移动平台进行交易的用户数量快速增长,2013 年"双十一"活动中淘宝移动客户端成交额为 53.5 亿元,是 2012 年(9.6 亿元)的 5.6 倍,共交易 3590 万笔,占淘宝整体成交量的 21%。同时,京东、易迅、苏宁和亚马逊等国内外主流电商平台均通过专享优惠、随时推送和赠送流量等方式加大对移动客户端的推广力度,使得移动电子商务迅速成为电子商务的关键渠道。同时,移动电子商务将带动 O2O 业务模式的快速成熟,快速打破线上、线下业务隔阂。

在国内移动互联网用户数量持续增长、市场需求多样化的带动下,传统产业、互联网内容服务商和新兴力量基于移动思维的跨界融合步伐进一步加快,涌现出一系列多向性、全角度协同创新打造的成功企业、产品和服务平台。随着移动互联网成为互联网应用的关键入口,免费开放式平台、"轻资金"和"轻工厂"的现代物流供应链、移动微电商和移动微媒体等移动互联网思维真正渗入各个传统行业,与行业内部资源流程深度整合,带动传统业务流程重构和商业模式创新。2013 年 8 月,我国政府出台了《关于促进信息消费扩大内需的若干意见》,将信息消费提升为国家战略,促使国内移动互联网产业迎来广阔的发展空间。2013 年 12 月,工业和信息化部向国内移动、联通和电信三大运营商颁发了 TD-LTE 制式的 4G 牌照,4G 移动网络在我国正式进入商业化运营阶段。预计 4G 牌照颁发将在 2014 年带动千亿元级产业投资,发展 4G 用户超 3000 万户,全面开启覆盖国内移动互联网全产业链的新一轮快速发展周期。

2012 年 9 月,工信部正式将宁波列为全国 13 个 4G 规模试验试点城市之一,宁波正式启动 4G 试验网一期工程建设。按照市政府一城二区一中心的电子商务整体建设思路,海曙区和江北区将成为宁波电子商务产业发展的集聚中心。

在移动互联网电子商务兴起之时,上线、融合,成为 2013 年服装行业最为热门的话题。宁波纺织服装企业挺进潮头,雅戈尔、太平鸟等服装企业纷纷开启移动电子商务业务,相继推出了基于 iPhone、iPad 和 Android 的移动客户端。在客户端里,打通了其后台数据库,让用户可以登录账号、查询账单,更能用手机完成商品查询并下单。在这些服务之外,利用手机特性,不断降低下单门槛,激发用户的消费欲望。而这,只是服装企业进入移动互联网的一个小小的缩影,但标志着服装行业已经开始有意识地加快了与移动互联网的融合发展。这些都向外界传递了一种明显的信号:传统服装行业开始转型升级,加快了与移动互联网产业融合的步伐。对于服装行业来说,这种新型模式的创新与探索,最终带来的不仅仅只是经济效益的丰厚回报,更是服装行业跨时代的发展印记。

事实上,服装行业与移动互联网的融合发展既是行业自身扩大产业规模、提高行业利润的需要,同时也是服装行业未来发展的必然趋势。随着线下市场竞争的日益激烈,服装行业急需开拓新的销售渠道和新的销售市场,而移动互联网电子商务的崛起为服装行业解决这一需求创造了条件,而且,在移动互联网高速发展的今天,移动互联网的影响已经深入到各行各业,服装行业融合移动互联网发展,这是恰巧赶上了这一时机。

(六)文化新理念推进时尚经济发展典型案例分析

1.崇尚健康环保的雅戈尔服装

在产品研发方面,雅戈尔有效整合了生产企业、营销公司和品牌事业部的资源优势,以市场调研反馈和历史数据分析为基础,以国内外科研院所和同行为合作伙伴,建立了完整的产品研发和技术创新体系。通过小型垂直产业链的运作模式,积极应用新材料、新技术和新理念,不断强化以 DP、抗皱和汉麻等功能性产品为核心的系列化开发和技术升级。

在第十七届宁波国际服装节上,雅戈尔一改以往多品牌集中展示的方式,以大气简洁的形式展示了技术创新的杰出成果——由大麻做原材料的汉麻服饰和汉麻世家床品,以及采用全球顶尖精水洗工艺的全新水洗衬衫产品。

汉麻纤维是一种新材料,具有吸湿、透气和防辐射等健康自然特性,汉麻仿生科技历时近十年已日臻成熟,汉麻产品穿起来吸湿排汗,既清爽又休闲。水洗技术是一种新工艺,雅戈尔吸收创新后推出的水洗衬衫清新自然,穿着柔软舒适。拥有这两大优势,意味着雅戈尔已经有能力打造"会呼吸的服装"。

在男装一号馆,雅戈尔在最大的展厅引领消费者"回归自然,呼吸自然",展厅背景是绿色森林、瀑布,带着观者一起置身自然体验自由的感觉。一位熟悉市场的商场人士认为,现在人们除了追求时尚美感,开始更多地关注健康环保自然的生活方式,雅戈尔仅仅将市场需求与自身的优势结合在了一起。目前,麻类产品和水洗产品等非常受欢迎,在市场需求引导下,国内市场上很多品牌也都转向麻类产品开发,而雅戈尔自 2003 年开始发展汉麻产业化,掌控了从种植、纤维加工、面料研发到产品品牌的全产业链。也是在这样的条件下,雅戈尔主品牌也将汉麻系列服饰的开发作为一个重点,展厅的主体位置展示了雅戈尔百余件应用汉麻材料的各类服饰。

在多年尝试之后,汉麻世家品牌转向专注床品开发,一直坚持原创设计和自然、清新风格,通过最自然原本的功能带来健康环保的生活体验。开设大型旗舰店,进驻雅戈尔品牌旗舰店,并在 2013 年开设了多家以床品为主的商场专厅,商场渠道在未来将达到 100 家。

源于意大利的精水洗技术工艺是雅戈尔继 DP 免熨工艺后的又一项核心后整理技术工艺,DP 免熨让产品更挺括,雅戈尔精水洗工艺可以让产品更自然、更透气、更健康。雅戈尔拥有国内唯一的高标准水洗厂,新一季的水洗产品主要是商务休闲风格,并继续保持优雅风格。

2. 追求优雅自然的杉杉服装

杉杉一直是中国服装的旗帜。15 年前,杉杉就以"不是我,是风"的时装发布会轰动全国,开启国服时代。15 年后,杉杉品牌升级,再以"不是我,是风度"的新品发布会掀起新风潮。

据介绍,新的杉杉品牌将目光瞄向了商旅精英,强调服装的自然气息,演绎优雅自然的专属风度。

在新杉杉的世界里,关注商务旅行的人文与生态,亦传递一种自然平衡的人生智慧。新杉杉不仅为中国男人剪裁高品位衣着,更注重男人精神的共鸣与灵魂的滋养,塑造中国风度先生,打造畅享自然气息的商旅传奇。

对于新杉杉而言,风度绅士是中国最具时尚魅力的男人。"他们是智者,以智慧参悟生命,用心灵感受自然和谐之美。他们是斗士,锐意进取,从容应对挑战,为梦想奋斗不止。他们是温柔真丈夫,知拼搏,更珍惜生活的至情真意。他们是社会正能量,用自己的行为准则让风度得以长久流传。"杉杉服装总经理骆叶飞表示新杉杉将为中国风度绅士提供新的修炼指南。

新杉杉的商品设计也发生了全新变化,新杉杉在延续原有品牌资产的同时,将西服作为战略品类,华丽化身为西服裁剪艺术大师,以此来带动杉杉品牌商品竞争力的提升。

在新杉杉发布的 2014 春夏新品中,杉杉借助两大系列设计使服装回归自然,呈现西服裁剪艺术。

新杉杉都市自然态西服系列,以让都市回归自然作为主题,提倡人与自然的和谐统一。该系列设计灵感来源于商旅中的人文与自然生态,通过对世界旅行中精彩的异域人文、自然色彩、动植物纹样进行借鉴和应用,让更多男人在钢筋水泥之间体验到都市自然风情的美好。

新杉杉非正式的正式西服系列,则以一种最新的商务着装理念,在商务与休闲的完美契合中,让男人风度穿梭于商务旅行、休闲娱乐、庄重等各种场合之间,享受端庄得体、轻松自然的着装生活方式,塑造一种既成熟稳重,又体现个性与亲和力的全新商务男士形象。

中国服装产业正在进入新的时代,杉杉全新定义中国风度先生进行品牌差异化营销,化身西服裁剪艺术大师带来全新的商品设计,聚焦西装品类,展现以自然为核心的着装语言,在15年前引领渠道时代的辉煌后,15年后再度引领零售时代的浪潮。

(七)时装产业推动时尚经济发展的思路和方向

1. 建立适宜的地方时尚产业政策和扶持组织机构

政府是推动时尚产业发展的重要力量,政府有责任营造一个适宜产业发展和企业公平竞争的外部环境。政府可以和产业协会、私营企业团体共同成立时尚产业专门小组,负责跟踪国际时尚创意产业发展的最新趋势,规划宁波时尚创意产业的发展方向,制定吸引时尚产业投资的税收优惠条款,实施帮助时尚产品和时装企业走向世界的整体营销和品牌战略,并且大力引进国际资本和高端品牌企业共同发展宁波时装产业。加强对知识产权的保护,制定完善的法律体系来保障多方面的知识产权,并设立一个独立的知识产权网站,提供使用者和创作者关于版权、商标、专利及设计等信息的咨询渠道。

2. 培育"Made in Ningbo"——"宁波"品质和品牌

参照"中小企业王国"美誉的意大利的发展路径,保持男装产业集群规模和特色,拓宽产业领域范围,如与男装配套的配饰、箱包、首饰和电子产品,打造地域品牌,推出"宁波"品质和品牌。由政府设立产业任务小组,由各部会负责人、民间创意业者代表组成,一起探讨时装产业会遭遇的主要问题,以及要维持稳定成长所需的资助,重点辅导部分精品品牌成长,树立核心品牌,研发有自主知识产权的产品和技术。注重完整产业链的构建,时装产业大多集中在文化、艺术领域,其增值的空间和潜力是相当巨大的,而一个产品的成功绝不仅仅是单一产品的一次性销售,而是相关产品、不同营销组合与各产业链条共同作用的结果。

3. 传媒产业发展带动时尚传播

时尚产业的发展十分依赖时尚活动、时尚展示等各类传播活动及手段。

根据五大时尚之都的发展经验,时尚活动,特别是国际性的时尚活动,在时尚产业的发展中,起到了巨大的推动作用。而作为"国际化大都市"的评判标准之一,会展产业在时尚产业中的地位也变得愈来愈重要。所以对于宁波时尚产业的集聚,其传媒产业的发展也是至关重要的。

4. 注重人才培养

对创意产业的重视意味着对人才的重视,人是发展创意产业的关键因素。应培育宁波当地的设计创意教育,吸引各类设计创意人才到宁波发展,为时尚产业人员提供学习机会,提高设计业在经济活动中的地位,增加宁波商业部门在全球的竞争力,不断提高宁波工业品的设计水平。

二、宁波时尚家居产业发展研究

(一)时尚家居产业的界定

时尚产业通常是指时尚产品以及运营相关产品(服务)的产业部门的总称,涵盖多个时尚产品的产业,也涵盖各个时尚产品的价值链。时尚家居是对人在生活和工作中所处的环境进行装饰和美化,包括家纺用品、家饰装潢、家电、家具、橱具等家居用具。

(二)时尚家居产业发展现状

1. 家纺产业发展现状

据中国家纺行业协会调查,国人人均纺织品消费仍比世界平均水平低27%,而家纺生产与消费占纺织品总体生产与消费的比例还不到发达国家的50%,市场前景广阔。另据统计,我国每年新竣工的住宅面积为5亿平方米,再加上大量的旧宅改造,每年家居装修的工程将达3000亿元以上,而且每年以30%的速度增长;居民装修房屋花在家用纺织品的购置费用,约占整个工程的25%,市场潜力巨大。

宁波纺织和服装工业较为发达,区域集中度较高。毯类、针织和服装辅料生产规模位居全国前列。宁波地区的家纺行业也已经有一定的基础,家纺品牌在全国也已有一定的知名度。随着城市化进程的加速,潜在的农村市场将为家纺业可持续发展带来较深远的影响,农村市场潜能是家纺行业新的增长点。中国政府倡导的和谐社会建设,必然催化中国家庭的人文家居建设,因此,生活质量的提高和消费观念的更新,必将使家纺消费更趋旺盛。

杨兆华会长也强调,在转变思想的同时,也要注意创新。家纺产品作为终端商品,渠道无疑至关重要。实际上,目前的传统渠道已经对行业的发展形成了阻碍。从商场、超市的进店费,到专卖店的商铺租金,许多品牌已经承受不住如此高额的负担,这方面的创新也就迫在眉睫。例如电子商务这个新型渠道,据统计数据,淘宝网2012年"双十一"中,销量超过5000万元的商家有18家,其中有4家家纺品牌,分别是罗莱、富安娜、水星和博洋。销量超过2000万元的商家中,家纺品牌占比更高。如此一来,既节约了成本,又使更多消费者对品牌有了深入认知,可谓一举两得。

2. 家电产业发展现状

宁波市的家电产业集群主要集中在慈溪市,家电行业已经成为慈溪工业经济的支柱产业。宁波市已经成为与广东顺德、山东青岛齐名的中国第三大家电制造业基地。宁波现有规模以上家电制造企业130多家,整机生产企业2000余家,拥有中国名牌5个,浙江省名牌20个,宁波名牌27个;洗衣机连续三年保持全国总量第一;饮水机占全国产量50%左右。目前宁波是全国重要的家电成品制造和零配件配套基地。

3. 厨具产业发展现状

自20世纪90年代以来,宁波厨具业发展迅速,诞生了欧琳、帅康、方太、瑞时等30多家品牌企业。2008年,宁波获"中国厨房之都"称号。在江东区的桑田路,还形成了全国独一无二的品牌橱柜特色街,集聚了40多家中高档品牌企业。

4. 家具产业发展现状

宁波有500多家市场,面积占160万平方米,辐射能力逐步减弱,家具卖场经营促而不销,同质化,专业市场细分化程度低,服务相似,因此大打价格战。2014年9、10月份销量明显下降。年底统计,生产型家具企业10%～15%比之前好,20%企业与2013年相差不大,10%的企业出现资金链问题。2013年一些小的家具企业遭淘汰,2014年一些大型的企业也面临淘汰。目前一味追求做大,今后要求做精做专,自然做大。家具板块上广东排第一、浙江第二,宁波居浙江省第二,厨具厨配橱柜厨房电器如方太厨配不锈钢占全国55%。

"宁式家具"有着悠久的历史背景和文化渊源,早在明清时期,由宁波的能工巧匠创造的"骨玉镶嵌"和"朱金木雕"技术已闻名遐迩,享誉中外,一直流传至今,宁海的"十里红妆"就是典型的代表。宁式古旧红木家具、宁绍十里红妆高仿古仿旧家具分布在慈溪、象山、宁海和鄞州,在全国有名气,销售额有二三十亿元,与一百多个国家有往来。2011年前以出口为主,现在内销占总比20%~30%,出口下降。宁波也是江浙家具的发源地。改革开放以后,伴随着各行各业的发展,特别是房地产业的启动给宁波家具行业的发展创造了良好的机遇,宁波家具产业至今已走过了创业期、发展期,进入了品牌提升期。目前,宁波市家具工业生产企业达600多家,其中销售产值超过500万元的规模企业为300多家,从业人员10万人,主要有木家具企业250多家,厨房家具及厨配企业180多家,档案、图书密集架企业80多家,钢家具企业50多家。拥有红光控股集团、宁波大森家私有限公司、宁波梦神床垫机械有限公司、宁波江东现代商城发展有限公司、宁波欧琳实业有限公司、宁波柯美工贸有限公司等家具行业重点企业。形成了奉化方桥的中国厨卫配件工业基地、慈溪天元镇的古旧仿旧家具、鄞州的档案与图书密集架家具等三大特色产业群。宁波拥有二十几家国内知名的家具品牌,大森、富邦、卡佩王朝、梦紫、象山乔明、梦神……

随着老年公寓增加,更加便利的注重人体工学的家具需求增加。今后需要个性化的家具,但目前流水线达不到定制需求。定制的利润可以从10%~300%,所以应该找准定位做有特色的产品设计。目前,宁波传统技术不高,粉尘大环境不好,转型有困难。老板的思维保守,更新慢。未来五年、十年遭遇接班人问题,国外百年企业也就几十年寿命,国外采用职业经理人股份制。国内作坊起家家具,职业经理人不够专业,股份制不可行,传承有问题。

(三)宁波家居市场现状分析

1. 宁波纺织服装产业运行质量分析

从国际看,美、欧、日等经济体仍旧是我国纺织服装的主要出口市场,新兴经济体的需求潜力将进一步释放,这将有利于我国纺织工业开拓多元化市场;从国内看,"十二五"时期,我国将全面建设小康社会以顺应各族人民过上更好生活的新期待,国内消费者对纺织品服装消费需求将不断升级,国内市场对纺织工业的发展将提出更高要求。

谈到纺织服装最引人注目的创新,电子商务仍旧是不能省略的一笔,电子商务成为最具成长潜力的商业渠道,正在改变纺织企业的生产经营模式。

淘宝的"双十一"当天整个网络销售突破了所有人的预想。在 10 分钟之内达到 2.5 亿元的销售额。"双十一"淘宝天猫当日销售达到 350 亿元,增长83%,前 10 名品牌中有 7 家是服装家纺企业,销售均超过亿元。"双十一"现象,无疑是一种新商业模式、一种新的消费趋势,与传统实体经济、传统商业理念的一次正面交锋。而这样的创新对于纺织服装跨越困难是一个不容忽视的闪光点。

2. 宁波家居产业运行存在问题

(1)市场趋于混乱

我们的经济规模发展了,消费量与水平提上去了,但我们家居市场经营质量却是趋于恶化,市场秩序更加混乱了。如今,很多产业都把发展家居作为一个新的增长点,如不加以引导,势必形成同一水平、同质化发展的局面,严重打乱市场的格局。家居市场未来走势应该在于做专做精,而非盲目扩张。

(2)企业管理水平落后

首先是行业基础相对薄弱,企业效益普遍不高,对市场冲击的承受力较低;其次,推动企业快速发展的中高级人才严重短缺,同时企业家队伍建设滞后于行业发展,导致企业没有能力建立适应市场经济体制的产品开发机制、技术创新机制、快速反应机制、资本运营机制和员工激励机制等一系列管理制度。

(3)产品附加值低

目前家居行业绝大多数企业还处在产业的低端,服务观念差,品牌意识薄弱,营销手段落后,行业文化建设跟不上,缺乏过硬的品牌,大部分家纺、家具和软装饰等家居产品的消费附加值低,顾客满意度不理想。目前市场面临从标准化到定制化的转型,设计师应当整合资源,提升产品的附加值。

(4)开发设计能力弱,知识产权意识淡薄

随着家居行业的迅猛发展,中国设计人才供应出现严重不足;同时,设计师行业知识浅薄,专业素养低,自主创意不足,行业基本上都是"拿来主义";同时家居行业知识产权意识淡薄,品牌权益缺乏保护,产品盗版现象严重,在无视他人创造的同时对自身成果也保护不力。

(5)产品缺乏文化内涵

家居用品作为居住环境营造的重要角色有其深厚的文化内涵,不同的家居软装饰环境体现出主人不同的性格、情趣、修养和文化品位等,因此家居用品不能仅限于生活用品的意义,它更是一种家居艺术,表达的是主人的生活主张和文化诉求。但目前市场上大多数产品显然对消费者研究不足,没有明显的文化特征,风格同质化、文化主张模糊化甚至无文化主张。

(四)宁波家居时尚发展趋势

1. 家居"软装联盟"

对于当下颇为流行的家居软装行业,很多人误将布艺装饰、家纺设计等同于软装设计。"软装"实际上是从室内装饰中的陈设设计概念发展而来的,主要是相对室内设计中的"硬装"而言,它指在完成地板、墙面和门窗等硬装后进行的易更换、易变动位置、材质上也较"软"的那部分后期装修。一般来说,软装是包括家具、墙纸、布艺、灯具、装饰画、花艺绿植和工艺品等方面的搭配设计,以营造特定文化、氛围的整体家居环境。人类历史上每个灿烂辉煌的时期无论出于何种目的创造出的软装艺术形式,都从不同角度承认了其客观存在的必要性,因为对于家居环境的装饰本身就是人类表达情感的一种重要形式,也是人类文化延续发展的重要载体。

近年来,随着精装修房的普及,"轻装修,重装饰"的理念已经被人们普遍接受,其实在国外很早就已经普及。在有些书中提到现代意义上的室内装饰艺术兴起于欧洲。20 世纪初,欧洲一些中产阶级家庭的主妇自发成立协会,探讨家居空间的陈设与装饰,20 世纪 30 年代,美国正式设立了室内设计学科。60 年代后期,随着工业的复兴,经济水平不断发展,室内装饰设计逐步走向兴盛。至今欧美发达国家的软装设计已经发展到比较成熟的阶段。国内,2009 年 6 月由政府部门正式批准成立了中国软装饰协会,从市场现状来看,家居软装设计也成为装饰行业的主流。

软装饰的投入是硬装修的两倍:2007 年起,家装消费者对硬装修环节的资金投入明显下降。据调查,某些沿海城市消费者的"硬装"投入以 5 万~15 万为主,而"软装"投入在 10 万~50 万元。软硬装预算比例上看,软装的投入明显高于硬装,高出近两倍,"软装"消费风暴正愈演愈烈。据《人民日报》报道,我国家居饰品产业经济增长是国内 GDP 增长速度的 400 倍以上。据国家权威机构统计,全国 33 个省会城市,393 个地级城市,近 3000 个县级城市,软装饰的年消费能力高达 2000 亿~3000 亿元;一个 10 万人口的小县城,软装饰年消费能力不低于 1000 万元。从 2000 年至今,全国家居饰品消费量以年均 30% 以上的速度增长。我国软装行业的发展势头异常迅猛,走可持续发展战略的路线也是我们努力的方向。

在关于家居装饰的调查中,81％的被调查者指出,居室装修不能保值,只能随着时间的推移贬值、落伍、淘汰,守着几十年前的装修不放,只能降低自己的居住质量和生活品质;70％以上的被调查者表示将会加大自己居室装饰方面的投入;74％的被调查者认为装饰居室要体现个人风格、品位;55％的被调查者表示,通过居室中装饰品的摆放和点缀可以达到营造家居情趣的目的。

家居业内对"软装饰"市场越来越重视。分析人士指出,众多家居卖场也不断充实卖场中软装饰产品的数量和品质,以提升自身的竞争优势。

虽然,软装配饰行业正处于发展的初期,但在物质与精神高速发展的年代,精神生活的享受越发地讲究,消费者已经对空间环境的美化越加重视,也使得消费者对软装配饰关注度越来越多。生活体验式营销、整体家居模式的推崇,让软装配饰从一个跑龙套的角色变成了举足轻重的配角,甚至可以谈得上是二号主角。这也证明软装饰设计的魅力和目前的需求。最起码肯定了轻装修、重装饰的设计理念,也提高了装饰艺术品位及审美专业意识。我们可以看到软装配饰拥有可观的行业市场,它是个朝阳的行业,前景一片光明。

虽然软装市场看起来前景很美,但它的经营门槛其实并不低。由于软装饰涉及多个品类,因此无论是在卖场商品管理还是经营成本上都将会面临挑战。

软装属于时尚产业,如果说硬装产品注重的是品质,那么软装产品的灵魂则是设计,强调色彩、造型等具有艺术表现力、展示个性和生活品质的内容,软装卖场必须以强大的设计实力为依托,而不少硬装转型而来的软硬装兼顾的卖场还是沿袭了以往那种摊位租赁经营的方式,没有自己的设计、生产队伍,整个卖场也没有一个比较统一鲜明的风格主题,根本不能像宜家那样一下子吸引人的眼球。软装修要在时尚的城市流行起来还需要相当长的时间,但软装修在装修中却时刻存在。

软装有着时尚的特性,消费者对软装商品消费存在着跟风和猎奇的心态,因此,产品的生命周期不会很长。只有引领潮流、风格独特的软装产品才有市场,一旦设计过时或落入俗套,消费者就不会买单了。比如时尚的年轻人,比较偏爱有手工绣花的床上用品,看上去更自然更舒服。但这样的产品市场份额却不大,谁要是能补上这个缺憾,那它应该能得到好的利润回报吧。

所有软装饰市场引导性资料均显示,大众消费水准的不断提高,直接诱发了人们对生活情趣更高层次的追求；时尚、品质和个性，越来越成为个人家居生活中不可或缺的重要主题；软装饰重要性的突显使得馈赠家居饰品已成为单位、个人赠送的时髦方式。软装市场包括星级酒店软装、会所软装（含企业会所、夜总会等）、楼盘样板房及售楼处软装、豪宅别墅及高档家居软装、写字楼大堂及办公室软装、餐饮娱乐（含酒楼餐厅、KTV等）、婚纱影楼及商店橱窗设计、大型商场及娱乐场所节日气氛软装等。

随着旅游市场的兴起，目前各地都在大量兴建星级酒店，酒店软装工程市场呈井喷之势。五星级以上酒店正常的软装支出在两百万至上千万元不等，再加上酒店每六年翻修一次的软装需求，可以预见市场容量非常可观。

房地产开发近年来发展迅速，国内城市化的进程必将促进新一轮房产开发的热潮，新的楼盘层出不穷，而楼盘样板房作为一个楼盘的门面及房产营销的重要工具越来越受到开发商的重视，每个楼盘都需要三套以上的样板房，每套样板房软装预算基本上在15万至30万元之间，高端楼盘样板房软装预算甚至高达百万元，所以楼盘样板间的软装市场潜力巨大。可以说，"软装饰"是装修装饰市场的又一个崭新的盈利点，是一个朝阳产业。第一，精装修房的普及。政府大力推广精装修房，精装修房也越来越受购房者的好评，但是精装修房风格单一，业主唯有通过软装饰及饰品陈设来体现个人的风格及品位，以免"千家一面"，所以软装饰的市场份额将不断增大。第二，人均居住面积提高扩大了家居饰品的需求量，家居饰品已成为家庭装饰的必需品。第三，重装饰轻装修的理念深入人心，软装饰行业正迎来朝气勃勃的春天。第四，酒店会所等公共空间越来越注重空间装饰的文化品位，工程软装配饰必不可少。

2. 儿童家纺潜力巨大

2014年，法兰克福家纺展中，出现了色彩艳丽的儿童家纺展位，其品种质量、档次跟成人家纺产品差不多，价格较为平价，价位稍高一些的是则是选用了更为健康的环保材料。儿童家纺在质量方面，如甲醛含量、色牢度和芳香胺含量等，都执行了更为严格的国际儿童贴身纺织品标准。

综观国内家纺市场，企业大多对婚庆家纺市场十分关注，产品姹紫嫣红，丰富多彩，而对比之下，儿童家纺则稍显可怜，且大多是仿制国外题材或进口的舶来品，传统民族题材的儿童家纺品很少。在全球经济一体化的大潮中，国内的儿童家纺更应该以自己民族的文化为设计根基进行创新，挖掘中国传统元素中的精华，做出既描写中国儿童生活，又具有本民族文化与教育意义的儿童家纺设计作品，立足本土文化，打造中国儿童家纺的民族品牌，使知识性、教育性和娱乐性并存，为孩子创造一个集生活、娱乐和学习于一体的卧室空间；同时，也为营造健康的民族文化环境，创造最大的社会效益。我们不是正在倡导国学吗？中国传统文化中的忠、孝、礼、义、信和健康等也要发扬光大，这对儿童家纺设计同样适用，政府和协会有责任向这方面引领。

儿童家纺市场发展潜力巨大，"两孩"政策的出台，更是为儿童家纺带来了发展的新契机。未来几年，伴随中国儿童人口的持续增长，预计到 2015 年，中国婴幼儿服饰棉品和日用品市场容量将达到 2279.8 亿元，儿童家纺市场将继续保持强劲的发展势头。因此，已有不少家纺企业将儿童家纺视为新的发力点。从此次法兰克福家纺展中人们也可以看到，国外的知名家纺品牌正在加速在儿童家纺市场的布局。

3. 智能家纺（智能家居）

随着人类生活水平的提高，消费者对家用纺织品的要求越来越高。人们对家用纺织的理解已经从传统的生理和外观舒适变为对流行时尚、绿色环保及特定功能的要求以及发展到现在对智能性的追求，即作者称之为智能家用纺织品（Smart Home Textiles）。

所谓的智能家用纺织品，就是家用纺织品可以感知外界的刺激，这些刺激包括力学、热学、化学、光学、电学和磁学等，例如温度、湿度、光线和声音等，并可以针对这些刺激做出一定的反应来适应外界的刺激。比如一条被子，当房间的温度高的时候，被子便降低其温度以保证被窝里的环境维持相对的稳定；当窗户外面的光线很强的时候，窗帘便自动地调节其透光度，降低光线的透射率。这些便是我们称之为智能家用纺织品的一些简单例子。说得简单一点，智能家用纺织品其实是将家用纺织品与其他一些领域的材料譬如电学、磁学、光学、热学、声学、力学、化学和生物医学材料等进行融合而得到的新型家用纺织品。

4. 生态家纺

生态家纺产品是家纺行业升级转型的重要产物。生态家纺的兴起时间较短，具有巨大的挖掘空间，因为它迎合了市场对环保、健康和时尚等的需求，具有良好的市场发展前景。生态家纺的根本是质量和设计，家纺企业应该注重这两方面的提升，同时对消费者进行正确的生态环保、低碳理念引导。

（五）时尚经济发展的典型案例分析

1. 创新型组织博洋升级型管理模式推动

作为家纺概念的提出者和国内家纺市场的开拓者，宁波博洋纺织有限公司不仅做大了家纺品牌，还以十几年时间的打拼，创造了一个规模庞大的服饰品牌军团。博洋从 1995 年开始走自主品牌之路，现在旗下拥有 10 个家纺类和服饰类品牌，拥有 2000 余家品牌专卖店、3000 余家销售网点，且连续多年保持 50％以上的高位增长。

博洋坚持走自己熟悉的纺织品、服装类的品牌之路，哪怕是后来多元化经营涉足的各项投资领域也是围绕品牌经营的上、下游产业，为企业品牌的长远发展规避风险。博洋是专注的，并且善于研究行业发展的新模式，积极探索企业的创新发展之路。

博洋的多品牌战略是基于需求的多样性而发展的。原因很简单，不同的人，在不同时间、地点，希望选择不同的产品。不同消费能力、不同教育背景的人群有不同的价值观念、不同的生活方式，导致了需求和价值判断的千差万别。这种同一产业存在不同细分市场的事实为多品牌战略奠定了基础。

博洋在服饰领域推出的 6 个品牌，以不同的定位，横向、纵向地覆盖整个市场，而不是仅仅以高、中、低档三个品牌介入，并且未来将有更多的品牌推出，充分地占领服饰行业细分市场。

在家纺领域，博洋旗下的"BEYOND（博洋家纺）"品牌代表的是最大众的高品质、多样化和中等价位的家纺品牌；"CODODO（棉朵）"则以自然花卉为基本元素，满足的是浪漫、田园风格的消费需求；"HIPPNER（喜布诺）"代表的是高品质的专业睡眠用品，时尚、简约风格和更人性化的中高端产品；"IOWILL（艾维）"则是满足标准化、多样化，面向商场和超市的家纺类品牌。

经过前两年的萧条发展，2014 年家纺行业迎来了"小回春"。博洋家纺近年来一直力争上游，实现跨越式发展，2014 年，博洋家纺的利润和产值更是双双上了新台阶，成为家纺行业发展最快的"领头羊"。

在产品研发方面，2014 年博洋家纺清晰的品牌定位和市场战略让产品更具市场优势。在大多品牌通过讲故事，叙述成就，重铺垫以呈现其新品之时，博洋家纺通过"当大牌遇见大师"的跨界合作，将产品艺术化，将家纺时尚化。与海派油画大师 MAX MA 跨界之作《灵犀》等产品浪漫呈现，与著名礼服设计师 Grace Chen 合作让时装元素完美呈现在家纺之中，为缺乏创新的家纺市场带去了浓墨重彩的艺术与时尚气息。

在业绩增长方面,2014 年博洋家纺实体板块营收增长 34%,利润增长如期达标,全年库存合理下降并优化库存结构,现金流较前一年翻番,实现企业健康、跨越式发展。值得一提的是,2014 年 4 月宁波直营的员工们创造了一个奇迹,在和义店升级特卖的活动中 9 天创 500 万元的全国单店特卖销售之最,随后快速执行和复制的博洋家纺海宁、桐庐、平湖、嘉兴、伊川、济源、石家庄、菏泽、瓜沥、新乡、哈尔滨、垣曲、晋中等门店均破同期活动最佳业绩纪录;到 10 月 16 日,博洋家纺二百专柜零售突破 10195718 元,实现"全国第一柜"千万元销售的全新突破,这一佳绩比 2013 年提早两个月实现,同时博洋家纺直营市场 2014 年 1 月~9 月零售同比增长高达 91.4%;10 月 12 日,"大牌中国风之云裳花容博洋家纺 2015 春夏订货会"圆满成功,订货量同比增长 33.2%。

据悉,在新的一年里,博洋家纺将持续扩大直营市场,宁波、台州和武汉等地的直营店也将进一步启幕,相信这也是博洋家纺集团新的发展机遇。与此同时,保持住居美、棉朵、乐加、博洋宝贝等副品牌的发展势头,家纺集团争取在 2015 年再接再厉,再创佳绩!

2. 博洋"试水"跨境电商

博洋控股集团前身是永丰布厂,创立于 1958 年,是中国纺织行业的先行者。作为宁波纺织产业改革的示范企业,经过十几年的发展,现已成为一家拥有数十亿元资产,16000 多名员工,涉足家纺、服装两大产业以及房产、商业、产业投资三大项目,控股旗下 30 余家企业的综合性集团公司。

博洋始终坚持发展并做强电子商务,他们认为线上渠道不仅可以成为线下销售的有力补充,甚至可以单独撑起一个品牌的运营。2008 年底,博洋初次试水电子商务。2009 年,博洋家纺开出了在淘宝网的第一家集市店,8 月在淘宝商城的旗舰店正式营业,11 月线上单日销售额达到了 20 多万元。2010 年 1 月份,博洋家纺电商成立为独立公司,11 月 11 日,博洋家纺线上的单日销售额高达 2156 万元,这一天成为博洋电商也是中国家纺史上一个里程碑式的日子。2011 年"双十一"活动中,博洋家纺再次蝉联同类品牌第一,当天销售突破 6000 万元,加上旗下的唐狮服饰、博洋家纺、艾维家纺、涉趣女鞋、艾夫斯服饰和德玛纳女装等十余个品牌,博洋整体销售额则突破 8000 万元,这也是迄今为止中国家纺行业在电子商务史上的最高纪录。

值得一提的是,为牢牢抓住跨境电商这一发展机遇,博洋控股集团于

2013年12月,注册成立了宁波安银古诚贸易有限公司,为集团旗下全资子公司及跨境电子商务品牌运营平台,成为行业的又一典范。当前,我国跨境电子商务发展迅速,企业建立直接面向国外买家的国际营销渠道,降低了交易成本,缩短了运营周期。与此同时,新兴市场正在成为亮点,巴西、俄罗斯和印度等新兴市场交易额大幅提升,为境内众多跨境电子商务零售出口平台快速发展做出了重要贡献。在商品品类分布上,进口商品主要包括奶粉等食品和化妆品一类的奢侈品,规模较小;出口商品则包括服装、饰品、小家电和数码产品等日用消费品,规模较大,每年增速很快。博洋将依托国内外电商平台,主要发展进出口两方面的业务。目前,公司主营业务为进口产品的国内线上平台外贸零售和出口产品的国外线上平台外贸零售。运营事务涉及货品的规划、采购与管理,线上平台运营,售前与售后客服,跨国物流与仓储监控等。涉及平台包括阿里速卖通、eBay、亚马逊国际及日本乐天等众多国外电商平台,以及天猫、京东等国内平台。

相较于传统外贸方式,跨境电子商务在交易方式、货物运输和支付结算等方面与传统贸易方式差异较大,还面临不少发展的瓶颈。2013年9月,国务院办公厅转发商务部等部门《关于实施支持跨境电子商务零售出口有关政策的意见》,针对跨境电子商务发展过程中面临的报检烦琐、通关难、无税收优惠等问题,拿出一系列破解方法和支持政策,这将对促进跨境电子商务发展起到了积极作用。与此同时,宁波市政府允许跨境贸易电子商务企业在宁波海曙区及保税区,经过核准后开展网络零售业务,企业以货物方式申报进口,进入海曙区或保税区进行保税仓储,待网络订单生成后,以个人物品方式申报出口,由电子商务企业办理申报并缴纳行邮税。这对推动进口商品的跨境贸易便利化和进口商品市场建设,也为区域经济转型发展注入了新的活力。

在未来两三年里,宁波安银古诚贸易有限公司必定会为推动博洋集团成为宁波及浙江地区重要的跨境电子商务贸易发展和产业多元化努力,尽力提高集团在全球电商时代的市场占有率。公司将依托各类信息服务,向涵盖贸易信息流、物流、资金流的交易全流程跨境电子商务综合服务方向发展,从而有效促进集团跨境电子商务的发展。

3. 追求原创民族床品的宁波乐加电子商务有限公司

乐加 Lehome 品牌创始于 2011 年冬天,为博洋旗下极具风格的时尚创意品牌,开创了一个具有新中式风格的家纺新风尚。

Lehome 整体给人一种很独特的味道,连接着传统和潮流,连接起生活与艺术。设计运用传统元素结合当代美学，将新旧元素糅合，拒绝遗忘，拒绝陈旧，为大家带来仿如烟花绽放般的一连串令人惊喜的家居床品配饰。充满艺术感觉的设计、舒适轻柔的面料和缤纷斑斓的用色，代表着中国梦。Lehome这个年轻而富有朝气的团队，将中国特有的传统文化带给大家，用传统的文化演绎现代新生活。

2011年进军电商领域，一年时间，乐加便成功跻身家纺类产品线上淘品牌之一。此后，乐加家纺不断刷新着淘宝销售记录，销售额成倍增长。之所以有这样的业绩主要有两个原因：一是整个电子商务行业大环境市场较好，乐加在进军家居电商之前，乐加的团队成员对家纺类产品比较了解，有相应的从业经验，这对于进军电商销售是有一定的帮助的；二是乐加进入市场比较早，目前为止，依然在不停地调整市场营销策略、产品运营思路及更新产品线。

乐加家纺成立4年来稳健发展，受到消费者及同行的关注，尤其是2013年乐加在电商平台"双十一"促销活动中表现卓越，线上销售突破1000万元。谈及成功秘诀，宁波乐加电子商务有限公司总经理张志军表示，如果产品单一没有创新，很容易在互联网市场竞争中被复制，缺乏风格的同质化产品就没有了核心竞争力，因此要玩转互联网，就需要你的产品有特点。

在乐加发展的过程中遇到的最大难题是不公平竞争。在线上市场，用户在消费时，只能看着图片下单，问题就来了，网上既有把控品质的商家，也有品质管理松懈的商家；其次，就是乐加用心设计的商品描述，被其他商家直接照搬盗用了，这样就会出现不公平的竞争。

面对这样的情况，乐加的应对措施是做品牌。有些商家是走量的，所以他们的产销率会控制得更好。而乐加做的是单一品牌的突破，坚持180天无条件退换货，而用过半年之后退货的用户还真没有。用户评价给了一个很好的口碑。

民族风格或成为未来家纺市场的主流。"民族"是一个自豪的观念。随着国民的"民族"观念越来越重，有中国本土特色的民族风家纺产品必然会受到广大消费者的欢迎。家纺的发展是与房地产的发展息息相关的，在这个过程中，我们可以看到不仅有欧式风格，还有很多中式风格，在这样的背景下，民族风家纺产品会越来越受到消费者的欢迎。乐加家纺产品有很鲜明的民族风特点，在如今的市场中，有中国本土特色的民族风家纺产品将进一步受到更多的人的喜欢。"乐加的设计缘于民族的风格，融入现代美学的时尚，不仅是对精致生活的追求，更是对艺术文化的表达，将艺术、文化和

'家'的概念融为一体,将中国特有的传统民族文化带给消费者,用传统的文化演绎现代都市新生活。"

2015年家纺业会有一个好趋势。在20世纪七八十年代,人们的消费习惯往往是"新三年,旧三年,缝缝补补又三年",2000年之后,人民生活水平、收入水平和购买能力确实提高了,对于家纺产品的需求也不断提高,消费者的品牌意识也变强了,品牌产品会更加有竞争优势,未来中国的家纺也会再上一个新的台阶。

4. 追求差异化竞争的博洋宝贝

宁波博洋宝贝品牌管理有限公司成立于2009年10月,正式运营2010年5月,是宁波博洋控股集团下属的控股子公司,通过受权当下流行的卡通品牌,开发并经营卡通品牌的儿童家纺产品及其他产品。

博洋宝贝充分借助博洋集团在品牌、管理、生产、供应、资金和渠道等方面的优势,通过品牌受权,差异化竞争,蓝海战略,做强做大博洋宝贝。主要抓住中高消费群体,进入儿童青少年家纺中高渠道。消费群体定位于儿童、青少年以及年轻态一族。博洋宝贝在不断的尝试中确定了博洋宝贝独特的运营模式和盈利模式。渠道建设上以自营为辅、代理为主,主要渠道有加盟、网购、超市(店中店和单品特供),并且充分借助外部资源与资金,增加资金杠杆,轻资产运作,严格控制库存周转率和费用比率,时刻关注现金流并且做好各种有可能存在的现金流危机的预案。通过摸索、总结和培训快速提高员工的专业水平。

博洋宝贝于2009年10月成功签约当时最受欢迎的品牌——"喜羊羊与灰太狼"在家纺行业的独家授权。经过几个月的调查和谈判,宁波博洋宝贝品牌管理有限公司重金拿下了《喜羊羊与灰太狼》中多个卡通品牌形象的使用权。而成立这家子公司的目的就是要利用这一品牌形象,积极设计研发和销售包括床上用品、靠垫、地毯以及其他儿童用品在内的家纺和家居产品,目标人群定位为5~12周岁的儿童。

博洋为此支付的费用不菲,它拿到的是《喜羊羊与灰太狼》中喜羊羊、懒羊羊和灰太狼等多个卡通品牌形象3年的使用权,每年支付的使用费高达上百万元。

据了解,《喜羊羊与灰太狼》自2005年推出以来,陆续在全国近50家电视台热播,创下了近20%的高收视率,里面的卡通人物形象深受孩子喜爱,其相关产品也成了孩子们最渴望收到的礼物。

为了充分利用好这些品牌形象,博洋宝贝打破传统的产品设计理念与包装方式,不断推出能够吸引儿童的全新产品。2010 年 1 月 20 日～2 月 7 日,博洋就曾在万达广场打造近千平方米的"喜羊羊"乐园,吸引小朋友们到那里玩过关游戏,同时借此提升相关产品的影响力。

公司于 2011 年 1 月签下美国"海绵宝宝"品牌在家纺、毛巾类和拖鞋类的独家授权。目前,公司已经陆续受权了泰迪熊、MYOO、小羊肖恩、花园宝宝、Gaspard and Lisa 等诸多卡通大牌的代理权。一个个深入童心的卡通形象伴随着孩子们度过难忘的童年,也在孩子们心中留下那一抹弥足珍贵的记忆。

目前博洋宝贝公司几乎是完全加盟和代理,自营仅宁波江北万达旗舰店、金光百货儿童区博洋宝贝旗舰商场专柜和文化广场一楼博洋宝贝旗舰店三家。儿童家纺是小众需要,需多渠道经营,这也是授权业务的特性和其他授权品牌的一贯做法。

博洋宝贝未来的发展方向是,获得更多更好的卡通、时尚和潮流品牌的授权,扩大公司经营规模,提升公司知名度和美誉度。比如已经在接洽中的品牌有日本经典卡通形象 HELLO KITTY、国际潮牌大嘴猴、日本最新潮牌DOMO、美国知名动画冰河世纪等。受权儿童和青少年最喜欢的品牌作为形象代言人和设计元素将是博洋宝贝长期的策略。

5. 开拓私人定制的思睿装饰品设计有限公司

不同的时代有不同的时尚特征。随着时代的变化,时尚潮流也在跟着变化,越来越多的人不再喜欢千篇一律,而是更加注重与众不同,因此定制品已经崛起。生活水平的提高,大家不再是一味地追求质量数量,而是追求时尚,追求时尚与质量的完美结合。

宁波市镇海思睿装饰品设计有限公司是装饰品设计公司。它由浙江纺织服装职业技术学院纺织学院毕业的学生根据纺织品设计专业的学习成果创办了这家设计公司。思睿装饰品设计公司将为消费者"私人定制"各类家居装饰品,工作室传承宁波红帮文化精神,致力于专业特色的运用与创新思维的培养和实践,为消费者提供优秀的个性设计、精良的制作和便捷的服务,让私人定制彰显个性的作品与理念深入广大市民。

现在越来越多的年轻人注重时尚的、个性的家居生活,地毯作为时尚家居的一部分,已经是室内装饰的一项重要内容。地毯的时尚漂亮已经超越了大批量生产的模式,采用了个性化的专人专项的设计理念,实现了私人定制的模式。时尚可以流行,但是范围十分有限,如果广为流传,它还能叫"时尚"

吗？追求时尚是门艺术，模仿、大批量的生产已经不适应现代这个追求感觉、追求特色的社会，因此，一对一的定制，可以打造专属于自己的美丽"模板"！

地毯不仅是装饰的贵族，更是一种充满激情和感悟的生活方式的艺术珍品，在室内装饰中起画龙点睛的作用。追溯世界地毯的历史，不得不提到三个地区：中国、中东和欧洲。中国地毯工艺的历史，有文字记载的可追溯到 1500 多年以前。它始于西北高原牧区，当地少数民族为了适应游牧生活的需要，利用当地丰富的羊毛捻纱，织出绚丽多彩的跪垫、壁毯和地毯。当时手工地毯被认为同高级定制时装一样珍贵。

从设计的角度讲，现在家居装饰品设计向追求简捷、舒适、个性化和人性化的实用主义方向发展。所以创意创新成为室内装饰品的主旋律。其目的是为消费者设计科技与艺术创意完美结合的产品，具有很强的装饰性、时尚性、实用性和收藏价值。地毯不仅仅是地毯，它更是艺术，是时尚，是通过传统手工艺把设计师的想法、对美和时尚的认知，在产品中表现出来。

随着人们生活水平的不断提高，个性化定制已逐渐成为品牌未来的发展趋势，但如何让消费者买到称心如意的定制产品则是企业需要思考和努力的关键。期待不久的将来，会有更多的家居品牌推出这一个性化服务。

(六)家居产业推动时尚经济发展的思路和方向

1. 支持高端家纺产品个性化，推进家纺成品定制市场发展

借鉴国内外优势品牌成功经验，建立信息交流、产品研发等平台，优先推动宁波家纺龙头企业，开展高端定制服务，加大对功能性、艺术性和个性化等细分领域的开发，开拓错位化竞争空间，促进产业可持续增长，逐步实现家纺业跨时代转型。

2. 推动小家电、厨具产品智能化，促进家居生活便捷化发展

借助物联网、云平台等创新信息技术平台，开发更加人性化、智能化的家电和厨具等，建立家居体验馆，鼓励消费者参与产品设计，刺激消费者购买需求。形成从生产者到消费者共同推行的时尚、环保和健康的智能家居生活模式，创造家电、厨具消费的新领域、新方式。

3. 鼓励"大家居"模式纵深发展，推进软装设计品牌化发展

借助展会、网络等平台将家具、家纺、家居饰品和灯饰等优势资源"跨界"整合，丰富完善"大家居"产品链，培育宁波特色软装设计品牌，以"整体搭配"发展新生活、新消费和新时尚。

第七篇　宁波时尚经济发展的路径选择与对策研究

近年来随着中国经济的快速发展,国内人均消费水平的不断提升,奢侈品市场快速增长,时尚已从小众的个人偏好转为大众的生活追求,日益成为居民的消费热点。浙江省省长李强在 2014 年浙江省两会上的《政府工作报告》中提出,研究制定信息、环保、健康、旅游、时尚、金融、高端装备等产业发展规划,推动浙江经济发展。时尚经济涵盖了第一产业、第二产业、第三产业,具有高创意、高市场掌控能力、高附加值特征,可实现虚实经济模式的结合、国内外大中小多层次企业的联合,是引领消费流行趋势的新型产业形态,时尚经济正成为引领世界产业发展的重要趋势之一,对宁波实现经济创新发展和提升国际竞争力更具有重要作用。

一、国内外时尚产业发展情况对宁波的启示

从国际上看,目前已形成巴黎、米兰、伦敦、纽约和东京五大"国际时尚之都",其时尚产业发展主要具有以下特点:一是主导产业均起源于服装服饰业,再逐步扩展至皮具、化妆品、珠宝和家居用品等产业,并形成了一批代表性产品和品牌。如巴黎时装、化妆品、香水,意大利时装、皮具、家具等具有国际时尚潮流影响力和引领性的产业和品牌。二是掌控设计和营销核心环节,产业附加值高,竞争力强。如法国路易威登、爱马仕品牌的销售利润率分别高达 44.78%、38.46%;近年来西班牙 ZARA、日本优衣库、瑞典 H&M、美国 GAP 等一批快时尚品牌迅速发展。三是促进国际大都市产业

结构升级和城市地位的提升。如米兰时尚产业已占城市经济总量的 21%，并带动城市乃至整个国家的产业发展，目前意大利已有 5.8 万余家时尚类企业，每年创造的 GDP 占意大利全国 GDP 的 11%，为 70 多万人提供就业。法国的时尚产业每年创造 350 亿欧元产值和 15 万个就业机会，同时时尚产业发展带动了创意设计、广告传媒、现代物流、商业旅游及会展等相关现代服务业的发展。四是注重时尚设计创意人才的培养，具有良好的时尚创意、设计和研发人才基础。如伦敦的圣马丁学院、皇家艺术学院，米兰的米兰大学、欧洲设计学院，巴黎的巴黎国立高等美术学院，纽约的纽约大学、纽约视觉艺术学院，东京的日本东京艺术大学，这些时尚产业的科研与人才培养机构为五大时尚之都的时尚产业发展提供了源源不断的智力支持。

从国内来看，我国时尚产业总体上还处于起步阶段，但部分沿海经济发达省市，如北京、上海和广州等已提出发展时尚产业。其推动时尚产业发展的主要特点有：一是具有明确的战略定位。如上海提出打造"国际时尚之都"；广东提出打造"国际时尚产业基地"，力促广州和深圳成为"中国时尚之都"，东莞虎门镇成为中国"时尚名镇"。二是结合产业基础确定重点发展领域。如上海提出了服装服饰业、美容化妆产业、工艺美术产业、家居用品业和电子数码产业等五大时尚产业重点发展领域；深圳把女装、钟表和珠宝三大领域作为时尚产业发展的重点。三是积极构筑时尚产业发展的平台。如上海在松江规划建设占地 2000 亩的"中国纺织服装品牌创业园"，打造以设计研发、产品展示和总经济为特点的"时尚硅谷"；深圳在龙华新区规划建设 4.6 平方千米的"大浪时尚创意城"，推进深圳从服装加工基地向时尚产业基地转变，目前已有 20 多家知名企业的总部入驻。四是支持大型时尚活动。如上海、深圳等地每年举办国际时尚周、设计师大赛和品牌发布等时尚活动，营造时尚产业发展的良好氛围。

从浙江省来看，我省贯彻落实李强省长 2014 年浙江省两会上的《政府工作报告》中提出的"加快培育能够支撑未来发展的大产业，研究制定信息、环保、健康、旅游、时尚、金融、高端装备等产业发展规划"要求，温州、海宁等地推进时尚产业发展已形成一定做法和经验。温州提出发挥轻工产业、温商网络、民间资本和空间要素"四大优势"，坚持智造、消费"双轮驱动"。实践中突出优化时尚之都战略布局、做强做优时尚产业集群、发展时尚创意设计、推进时尚品牌集聚和提升扩大时尚消费等五大战略。海宁市把发展时尚产业作为推进经济发展方式转变、传统产业转型升级的重要方式，大力引导皮革、经编、家纺和时装企业朝品牌化、时尚化方向发展，在土地、税收、招商引资和政策性资金扶持等方面给予大力支持。近期编制了《海宁市时尚产业发展培育计划》，提出通过着力实施产业集聚、创意设计、龙头企业、时尚品牌、智造提升和消费引领六大培育工程，全面提升时尚产业综合实力和核心竞争力。

二、宁波发展时尚经济的现状梳理

(一)发展基础和有利条件

从当前宁波市产业发展实际看，服装、家纺、文具和家电等制造业优势较突出，已初步具备发展时尚产业的现实基础。

一是以纺织服装为主导的时尚产业基础雄厚。纺织服装产业一直是宁波的传统优势和经济支柱，在时尚产业发展过程中亦是领先产业。目前，宁波纺织服装产业集群效应显著，企业经营业态日趋创新，已形成一批集设计研发、文化创意、商业运营和品牌经营于一体的复合型时尚产业运营企业，纺织服装产业已经转入时尚产业拓展和国际化经营轨道。

二是以贸易、会展、物流及传媒为主的时尚产业配套体系日趋完善。目前，宁波充分利用对外开放先发优势，外贸出口额多年居国内同类城市前列；有着千年历史的宁波港已跻身世界港口前五名，港口经济、大桥经济和海洋经济承载了宁波现代物流产业的增长点；随着现代服务业和电子商务的全面推进，宁波会展业、传媒业均实现了跨越式发展，多次荣膺"中国十大最佳会展城市"称号。可见，宁波已构建了良好的信息、贸易和交流平台，为宁波时尚产业发展提供了配套支撑。

三是以开放、包容和引领为主要内容的海港文化底蕴日益深厚。开放、包容和创新的海洋文化与崇尚诚信、务实精神的农耕文明的交汇融合，形成了宁波特有的文化基因。宁波作为古代海上丝绸之路的重要始发港、当今亚太地区的重要门户，以"诚信、务实、开放、创新"的宁波帮精神，具有勇于引领时代潮流的城市文化基础。

四以时尚购物为主要特征的消费人群日益扩大。宁波经济发达，社会消费结构已转向多元化、高端化，时尚产品蕴含着巨大的消费潜力。借助各种时尚消费平台建设，如银泰百货、国际购物中心和万达广场等综合商业体，如以时尚生活为主题的宁波购物节、宁波国际服装服饰博览会、宁波国际时尚生活博览会、进口时尚消费品暨进口食品博览会，以及宁波保税区进口商品市场、宁波保税区跨境贸易电子商务平台等，市民的时尚消费意识和消费行为不断加强，已具有一定的时尚消费能力。

（二）存在问题

虽然宁波市时尚经济发展已具有一些基础，但存在的问题也比较明显。

一是时尚产业整体规划缺失，城市整体的时尚化氛围不足。宁波发展时尚产业缺乏宏观调控，前期的区域布局部分重复且发展不均衡，导致产业结构庞大，区域特色尚不明显。城市时尚地标缺少，时尚文化氛围分布不匀，过于注重"高端嫁接"的消费面，忽略了以面向广大消费受众、让大众消费为出发点的时尚消费。

二是时尚创新设计和专业人才缺乏，可持续发展能力有待提升。近几年，宁波时尚产业对具有独立运作品牌能力的设计人才需求在 10000 人以上，而宁波时尚产业的创新设计和专业人才严重缺乏，同时缺少时尚的创造者、引领者和有影响力的知名设计师，导致时尚产业可持续发展能力不足。

三是领先行业的龙头企业不足，品牌时尚力和产业核心竞争力不强。据统计，宁波有近 70% 的纺织服装生产企业没有生产自主品牌产品，与国际时尚品牌相比，时尚品牌知名度和规模还存在较大差距。如目前国际上最大的快时尚品牌 ZARA 公司 2013 年销售收入达到 167 亿欧元，而宁波最大的雅戈尔服装品牌 2013 年销售收入仅为 262 亿元。

四是时尚产业链整合联动发展不足，时尚产业依托要素不够。时尚产业链是通过整合各类产业资源要素而形成的，即以设计和营销为核心、以面料及加工为基础、以展览及传媒等为配套的一个完整的产业体系构架。从宁波市目前的实际情况看，处于"中间强，两头弱"的不均衡、不协调状态，时尚产业依托要素建设尚不完善，时尚产业发展的开放、多元、活跃的社会环境体系尚未完全形成。

三、宁波发展时尚经济的路径选择

宁波发展时尚经济，应该重点发挥服装服饰、家纺、消费类电子产品以及文具产业的集群效应，以宁波传统支柱产业（纺织服装产业）和战略性新兴产业（新一代信息技术产业）为基础，重点发展服装服饰和时尚家居（家纺、家具以及智能家电等消费数码电子产品)等时尚制造业,将其作为宁波时尚经济的动力源,注重品牌、设计、研发与营销创新。利用宁波新兴发展的动漫产业、旅游产业等时尚服务业,以及网络、大众媒体等时尚传媒业,借力电子商务与贸易平台,跨界重构时尚消费市场,打造和推进宁波时尚经济生态圈(图 7-1)。

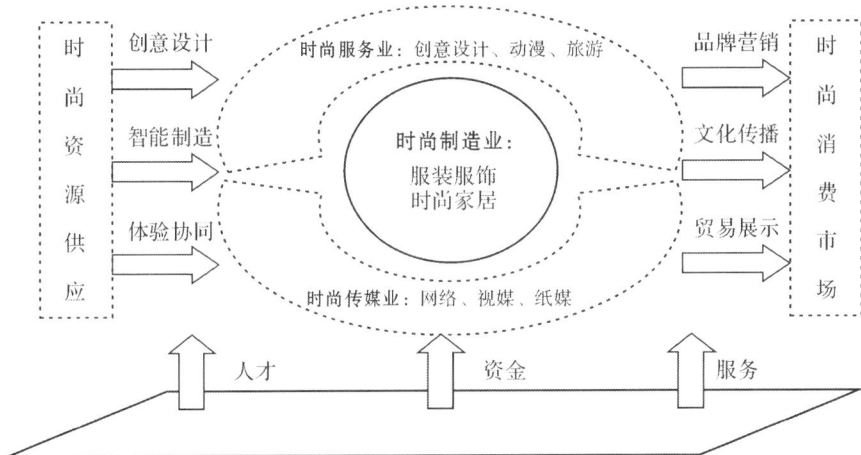

图 7-1　宁波时尚经济生态圈

宁波时尚经济生态圈的构建重点是"双管齐下、两点一面",即从时尚生产和时尚消费两个层面,以服装服饰产业和时尚家居产业为两个核心点,以时尚消费为基本面,推进宁波时尚经济发展。

四、宁波发展时尚经济的对策和建议

(一)突出重点领域,推进时尚主导产业发展

结合宁波产业实际和未来产业发展趋势,从时尚生产层面,推进发展有较大带动性、较快成长性的服装服饰产业和时尚家居产业作为时尚产业重点领域。一是以"品牌、设计、营销、创新"为切入点,着力推动服装服饰时尚产业新发展。继续发挥先进制造领先优势,通过零散的鞋帽、箱包和首饰等服饰产业的跨界融合,开拓以新品设计、快速反应和大众潮流为主要特征的"快时尚"品牌;依托现有男装产业,培育若干男装设计师品牌;以设计营销为切入点,探索男装自主品牌的创新发展模式,建立市场研究、消费趋势、人

才经营和品牌文化等资源平台；利用体育绿色产业发展契机，促进户外运动、健康装备设计与生产。二是以"个性、智能、体验、协同"为切入点，着力开拓家纺家居时尚产业新领域。支持高端家纺产品个性化，推进家纺成品定制市场发展，加大对功能性、艺术性和个性化等细分领域开发，逐步实现家纺业跨时代转型；借助物联网、云平台等创新信息技术平台，推动小家电、厨具产品智能化，促进家居生活便捷化发展；建立家居体验馆，鼓励消费者参与产品设计，创造家电、厨具消费的新领域、新方式；借助展会、网络等平台将家具、家纺、家居饰品和灯饰等优势资源"跨界"整合，鼓励"大家居"模式纵深发展，推进软装设计品牌化发展。

（二）突出重点区域，加快时尚产业基地和区域性特色时尚产业群建设

大力发展时尚产业，重点实施重大时尚产业项目带动战略，加快时尚产业基地和区域性特色时尚产业群建设，培育时尚产业骨干企业和战略投资者，鼓励和引导非公有制经济进入，发展新型时尚业态，增强多元化经费供给能力，满足多样化社会需求，繁荣时尚市场，推动时尚产业成为宁波经济支柱性产业。重点建设"和丰时尚创意设计中心"和"时尚贸易展示中心"两大基地。

——以和丰创意广场为主体，建立一个以"设计师品牌"为主体的"和丰时尚创意设计中心"，包括时尚设计师孵化中心、服饰艺术（手工）设计中心、时尚家居软装搭配设计中心、高端家纺定制中心和服装材料视觉设计中心等五个设计中心，充分挖掘宁波文化特有的经典，融合国际时尚元素，吸引企业、高校和研究机构参与，逐步形成集时尚信息、个性开发和技术服务于一体的国际化时尚创意港。

——借助宁波外贸优势、港口优势和跨境电子商务先发优势，以宁波国际贸易展览中心为主体，建立"宁波时尚贸易展示中心"。举办国际性高端大型时尚交易展示活动，逐步形成和完善时尚贸易链，提升宁波时尚品牌的国际知名度。同时，联合家电企业、厨具企业和家具企业进行资源整合与合作，推进物联网、移动互联网技术，制定统一协议标准，搭建时尚产品交易平台。

（三）突出创新设计和品牌战略，培养一批时尚品牌和龙头企业

加快宁波企业从外围品牌创新向整体品牌创新、内涵创新转变，创建时尚产业示范企业。鼓励企业建立自主时尚品牌梯队，立足国际、国家、区域，制定相应的品牌战略目标，形成有特色、有竞争力的宁波品牌创新体系。选

择一些能够突破的领域,如服饰搭配、电子商务等服务,促进优势资源向品牌企业集中,重点扶持、培养和打造一批具有行业影响力和国际竞争力的龙头企业和时尚品牌,如雅戈尔、太平鸟、维科家纺和欧琳厨具等,促进时尚产业集群发展。鼓励有基础的龙头企业实行跨行业协同发展,逐步推出家居用品高级定制服务,打造个性化时尚家居用品。

(四)突出平台建设,带动"线上线下"联动的时尚消费潮流

整合时尚设计力量,传播时尚信息,推进国际时尚文化,促进生活方式时尚化。进一步完善时尚商业载体,打造"一个中心,三个圈层"的时尚消费聚集区,逐步完善宁波时尚消费行业链条,提升时尚消费聚集辐射能力和服务水平,打造长三角南翼重要的时尚消费聚集区。"一心",即以天一广场、和义大道、老外滩为主体的时尚商业消费中心;"三圈",即以东部新城为主体的进口商品时尚消费圈,以鄞州万达、环球城为主体的南部时尚消费圈和以第六空间、红星美凯龙、宜家为主体的时尚家居消费圈。借助电子商务平台,拓展新型营销和体验模式,推进"时尚"、"平价"、"快速"的消费平台建设,推动"线上线下"联动发展。

(五)突出时尚载体建设,形成时尚经济发展良好氛围

一是以时装周、家居节等为切入点,举办国际时尚产业博览会、国际著名品牌推介会以及流行趋势发布会等大型时尚活动,鼓励国内外时尚企业、创意机构和国际著名设计师在宁波举办新品发布会、时装秀和推介会等,打造宁波自主品牌国际化的服务平台、国际品牌商业高地及原创设计培养孵化基地等平台。加大国际品牌参与力度,为国际时尚品牌参会提供进出口会展的绿色通道。着力推出一个国家级的设计师奖,提升宁波时尚的国内辐射力和国际影响力。二是整合传播资源,加快构建传输快捷、覆盖广泛的时尚传播体系。加强本土时尚媒体平台的培育与扶持,开设专门的时尚经济产品推介、时尚人物访谈等栏目,重点办好《爱时尚》电视节目、《新侨报》杂志。充分开发网络新媒体,建立"宁波时尚网",利用移动网络等新媒体的力量,提升宁波时尚品牌的国际知名度。引进和培养行业领军人物,开展时尚大师论坛,发挥名人效应,带动宁波时尚行业的影响力。建立宁波时尚指数中心,发布时尚产品、时尚品牌和时尚产业的测评体系,定期评选"宁波十大时尚品牌",以提升城市时尚影响力。

(六)突出技术指导,搭建时尚产业公共技术智慧服务平台

搭建以技术、信息、检测及体验为一体的公共技术服务平台,如数字化

时尚产品成型中心、国际时尚信息交流中心、生态健康家纺检测中心、时尚家居体验中心及时尚品牌策划与推广平台等,开发和应用包括虚拟试衣技术、三维人体测量技术及定制技术等体验式电子设计技术,将智慧、时尚与技术融合,为中小微时尚企业提供设计支持和服务。吸引有经验的名牌设计师和有潜力的青年设计师加入,提供设计外包服务的政策扶持,建成开放交流、兼容并蓄的时尚设计基地。

(七)突出人才培养,组建宁波国际时尚学院

以浙江纺织服装职业技术学院为基础,引进国外时尚类优质高校教育资源、专业管理机构,创办本科层次的"国际时尚学院",提升时尚设计类、管理类学科在学科建设、人才培养和科研服务等方面的协同创新能力,培养紧缺的时尚设计师、时尚买手、时尚与奢侈品管理、时尚品牌运营等人才。鼓励时尚企业选送员工赴国外院校机构进修培训,并为其提供技能培训补助,形成时尚产业在职人员的专业培训体系,加快时尚企业骨干人才队伍的形成。加快时尚产业领域跨界领军人物和拔尖创新人才的培养与引进,为时尚产业的发展提供坚实的人才保障。

(八)突出组织领导和政策支持,增强时尚要素的集聚力和辐射力

成立全市时尚产业发展领导小组,加强政府的宏观指导、政策引导与工作协调。各县市区应结合发展实际,合理规划时尚产业发展与布局,确定时尚产业的发展方向、重点领域和产业布局。设立时尚产业发展专项基金,加大对时尚产业在财政、税收、土地、人才和金融等多方位的政策扶持,加强时尚产业知识产权保护,完善时尚产业统计体系。建立时尚企业认定体系,开展时尚品牌和企业认定工作,在税收返还、人员培训、研发费用抵扣、市场流通以及房租优惠等方面享受时尚产业政策。

参考文献

［1］Aarhus，K. Office location decisions，modal split and the environment：the ineffectiveness of Norwegian land use policy［J］. *Journal of Transport Geography*，2000，8(4)：287-294.

［2］Chou，Tsung-Yu, Chia-Lun Hsu & Mei-Chyi Chen. A fuzzy multicriteria decision model for international tourist hotels location selection ［J］. *International Journal of Hospitality Management*，2008，27(2)：293-301.

［3］Gregory，P M. Fashion and monopolistic competition［J］. *The Journal of Political Economy*，1948，56(1)：69-75.

［4］Priest，A. Uniformity and differentiation in fashion ［J］. *International Journal of Clothing Science and Technology*，2005，17 (3/4)：253-263.

［5］Robinson，D E. The economics of fashion demand［J］. *The Quarterly Journal of Economics*，1961，75(3)：376-398.

［6］Rose，E A. *Social Psychology：An Outline and Source Book*［M］. New York：MacMillan，1908.

［7］Wiedmann，K & N. Hennigs. Value-based segmentation of luxury consumption behavior［J］. *Psychology and Marketing*，2009，26(7)：625-651.

［8］2014 年宁波市国民经济和社会发展统计公报. 宁波统计网，2015-03-30.

［9］白银峰.国内外时尚产业的理论研究和我国的时尚产业［J］.全国商情理论研究,2012(3).

［10］曹冬岩.打造时尚城市的新模板——以安特卫普为例［J］.全国商情(理论研究),2010(8).

［11］车晓磊.北京市时尚指数实证研究［D］.北京服装学院硕士论文,2009.

［12］陈建军,陈国亮.集聚视角下的服务业发展与区位选择:一个最新研究综述［J］.浙江大学学报(人文社会科学版),2009(5).

［13］陈一新.发展时尚产业建设时尚之都［J］.浙江经济,2014(18).

［14］陈颖,高长春.创意企业竞争优势评价研究［J］.技术经济与管理研究,2013(4).

［15］陈永泉.室内软装设计的原则及未来发展趋势的研究［J］.四川水泥,2014(11).

［16］丛海彬,高长春.城市创意产业支撑环境评价研究［J］.城市经济,2011(4).

［17］高骞.上海时尚产业政策研究［J］.科学发展,2009(10).

［18］高骞等.时尚产业导论［M］.上海:上海人民出版社,2010.

［19］高尚.三种计算层次分析法中权值和方法［J］.科学技术与工程,2007(7).

［20］高长春.时尚产业经济学导论［M］.北京:经济管理出版社,2011.

［21］顾晓敏.以时尚产业促进世博效应在长三角的提升［J］.上海企业,2009(7).

［22］胡贞.关于室内软装设计原则及未来发展趋势的探究［J］.城市建设理论研究,2014(10).

［23］刘畅,高长春,刘海峰.时尚产业价值增值机理分析［J］.湖南社会科学,2014(4).

［24］刘春玲,郭君,黎继子,袁琳.横向合作下集群式供应链技术创新模式及演变传导路径研究［J］.研究与发展管理,2011(5).

［25］刘风.2012中国时尚指数揭晓［J］.中国连锁,2013(6).

［26］刘鹏刚,孙浩.定制家具设计在室内装修中的应用［J］,宁波职业技术学院学报,2014(3).

［27］刘天.上海时尚产业发展模式研究［D］.上海:东华大学硕士学位论文,2011.

［28］刘长奎,刘天.时尚产业发展规律及模式选择研究［J］.求索,2012(1).

[29] 卢芹莉,张翔.中国城市时尚度分布格局及其影响因子[J].经济地理,
　　 2013(10).

[30] 吕洁.时尚创意产业:上海经济转型的战略引擎[J].区域经济,2010
　　 (35).

[31] 马宁,张晔.经济转型中时尚产业初探[J].中国市场,2010(40).

[32] 秦诗立."时尚"发展时尚产业[J].浙江经济,2014(21).

[33] 裘晓雯,任月红.宁波时尚产业业态创新和重点选择之研判[J].宁波经
　　 济.2015(2).

[34] 芮正佳.时尚产业升级与模块化经营方式的转变[J].艺术科技,2014
　　 (1).

[35] 沈金箴.当前发展城市创意产业的主要问题与对策——以北京为例
　　 [A].2008 城市发展与规划国际论坛论文集[C].2008.

[36] 石勇,钟仪华等.多目标线性决策系统——理论及应用[M].北京:科学
　　 出版社,2012.

[37] 宋煜,胡晓鹏.浅析上海时尚产业发展路径选择[J].企业经济,2011
　　 (10).

[38] 苏葆燕.多品牌多元化开拓市场:国际及国内时尚产业发展趋势分析
　　 [J].纺织服装周刊,2011(21).

[39] 苏珍珍.儿童家纺路有多广[J].中国纺织,2011(1).

[40] 孙莹,汪明峰.纽约时尚产业的空间组织演化及其动力机制[J].世界地
　　 理研究,2014(3).

[41] 唐晓东.中国城市发展水平评价指标体系及实证研究[J].生产力研究,
　　 2005(7).

[42] 唐忆文,等.国际时尚产业发展趋势及上海借鉴[J].上海文化,2013
　　 (4).

[43] 田媛,高长春.创意产业的不确定性来源于管理对策分析[J].华东经济
　　 管理,2012(2).

[44] 王虹.展望:2014 家纺业的市场趋势[J].中国纤检,2014(2).

[45] 王杨,等.软件产业发展模式研究[M].北京:科学出版社,2008.

[46] 王智颖.节假日经济前景看好,但需要创新——上海市商业经济研究
　　 中心齐晓斋教授论节假日经济[J].中国广告,2012(4).

[47] 吴艳萍,刘春玲,潘花珍.基于广告和时尚指数双重影响下的时装需求
　　 分析[J].服饰导刊,2012(2).

［48］夏春玲,等.2013/2014 宁波纺织服装产业发展报告［M］.北京:中国纺织出版社,2014.

［49］夏毓婷.产业价值链视角下的武汉时尚产业发展研究［J］.江汉大学学报(社会科学版),2012(12).

［50］肖鑫,邬关荣.时尚产业评价及影响因素［J］.经管研究,2013(6).

［51］许树柏.层次分析方法中一种新的动态排序模型［J］.系统工程学报,1986(2).

［52］许树柏.层次分析法原理［M］.天津:天津大学出版社,1988.

［53］宣柱锡.建设"时尚之都" 打造"深圳质量"［J］.特区实践与理论,2011(2).

［54］颜莉,高长春.时尚产业国内外研究述评与展望［J］.经济问题探索,2011(8).

［55］颜莉,高长春.模块化视角下上海时尚产业发展路径研究［J］.人文地理,2012a(3).

［56］颜莉,高长春.时尚产业模块化组织价值创新要素及其影响机制研究——以五大时尚之都为例［J］.经济问题探索,2012b(3).

［57］曾圣舒.儿童家纺亟待强势开发［J］.纺织服装周刊,2013(8).

［58］张炳江.层次分析法及其应用案例［M］.北京:电子工业出版社,2014.

［59］张科静,仓平,高长春.基于 TOPSIS 与熵值法的城市创意指数评价研究［J］.东华大学学报(自然科学版),2010(1).

［60］张梦霞,王斯洋.中国城市"80 后"人群奢侈品消费动机维度族的实证研究［J］.首都经济贸易大学学报,2010(3).

［61］张娜.沿海发达地区时尚产业发展思路研究——以浙江省为例［J］.城市,2014(11).

［62］张仁良.发展时尚创意产业,打造国际时尚都市［J］.科学发展,2010(8).

［63］张毅.家纺设计与中国家纺业的发展［J］.南通师范学院学报(哲学社会科学版),2006(7).

［64］赵磊.时尚产业的兴起和发展［J］.上海企业,2007(2).

［65］中国家用纺织品行业协会.2013/2014 中国家用纺织品行业发展报告［R］.北京:中国纺织出版社,2014.

［66］《中国时尚产业蓝皮书》课题组.中国时尚产业蓝皮书 2008［R］.2008.

术语索引

后　记

本书是"宁波时尚经济发展研究基地"一期项目研究的初步成果。

参加本课题研究及书稿撰写工作的都是浙江纺织服装职业技术学院教师。前言由"宁波时尚经济发展研究基地"原首席专家毛才盛研究员执笔撰写,第一篇"绪论"由魏明撰著;第二篇"时尚经济的理论基础与研究动态"由张劲英撰著;第三篇"国内外时尚经济发展现状与成功经验"由张艺撰著;第四篇"宁波时尚经济发展现状与基础条件"由裘晓雯撰著;第五篇"时尚经济形成要素与城市时尚经济指数评价体系建构"由姚克勤撰著;第六篇"宁波时尚经济发展典型产业研究"第一部分"宁波时尚服饰产业发展研究"由陈海珍撰著,第二部分"宁波时尚家居产业发展研究"由付岳莹撰著;第七篇"宁波时尚经济发展的路径选择与对策研究"由魏明撰著。全书的统稿工作由魏明老师负责。

现任"宁波时尚经济发展研究基地"首席专家冯盈之教授自始至终参与了基地筹划、申报工作,并审读了本书部分内容、撰写了后记。

本书在编写过程中得到了宁波市社科院领导以及本基地主任、本院院长王梅珍教授的热忱关怀和支持,得到了市社科院文化研究所所长方东华博士以及文化研究所研究员陈姗姗的多方面指导与帮助,宁波市政府发展研究中心陈利权先生、宁波日报李磊明先生和宁波市镇海区政研室甘旭峰先生也给我们提供了各方面的指导。

由于这类研究目前少有,我们又缺乏这方面的经验,本书在内容方面恐怕有疏误之处,且由于本书由多位作者撰著,故存在全书术语使用不完全统一、所引案例重复等现象,恳切祈请专家、读者多给予批评、指教,以便今后修订,使此书得以不断完善。

最后诚挚感谢为本研究成果付出辛勤劳动的所有参与者!

浙江纺织服装职业技术学院课题组

2015 年 11 月 23 日

图书在版编目(CIP)数据

宁波时尚经济的发展理论与实证研究 / 毛才盛主编.
—杭州:浙江大学出版社,2015.12
ISBN 978-7-308-15484-0

Ⅰ.①宁…　Ⅱ.①毛…　Ⅲ.①区域经济发展－研究－
宁波市　Ⅳ.①F127.553

中国版本图书馆 CIP 数据核字(2015)第 316924 号

宁波时尚经济的发展理论与实证研究

毛才盛　主编

责任编辑	张颖琪	
责任校对	朱　玲	
出版发行	浙江大学出版社	
	(杭州市天目山路 148 号　邮政编码 310007)	
	(网址:http://www.zjupress.com)	
排　版	浙江时代出版服务有限公司	
印　刷	杭州杭新印务有限公司	
开　本	710mm×1000mm　1/16	
印　张	10.25	
字　数	173 千	
版 印 次	2015 年 12 月第 1 版　2015 年 12 月第 1 次印刷	
书　号	ISBN 978-7-308-15484-0	
定　价	38.00 元	